殷登國——著

中國古代春宮祕戲圖講

月

自序

出版了這樣一部大書，當然該說幾句話。

當初是藝術圖書公司何恭上先生約寫這樣一部書，談好了怎樣編印行銷，後來因故沒有合作成，但我還是執意寫完了二十五講的《中國古代春宮祕戲圖講》，後來陸續在《第一手報導》雙周刊上發表，在此鄭重答謝該雜誌的主編連啟東先生。

推動我寫這樣一部書的原因只有三個字「不服氣」。

看日人福田和彥《中國春宮畫》、看《春夢遺葉》或《樂園》等洋人編印的中國春宮畫冊，看他們對中國春宮畫一知半解，連作品的年代都搞不清，繪畫的內容都搞不懂就如此膽大妄為地出書了——書印得如此精美、定價定得如此昂貴，而且居然如此暢銷大賣，我就不服氣。

秀威編輯辛秉學先生要我寫一篇「導讀」，其實每一講把介紹的每一幅畫都已經講得清清楚楚、明明白白了，再無贅言之必要。看完本書，你一定對中國春宮畫史、對中國春宮畫有一個清楚的認識，至少要比福田和彥或《春夢遺葉》一書的編輯諸公高明，我寫這本書，也就不算白費功夫了。

我是台大歷史研究所藝術史組畢業的，年輕時就喜歡蒐集研究中國春宮畫；承蒙許多師友關愛，提供許多圖文資料，如今完成這樣一部書，也算對他們的期待提攜有一個交代，可以無愧。生也有涯，學海無涯，本書只是一塊墊腳石，方便後人對中國春宮畫有更深刻的了解，也期許能糾正傳統中國人對春宮畫一貫抱持的晦淫的錯誤觀念。

我還想寫一部「中國色情版畫史」，可惜手邊相關資料有限，光是晚明那十幾種套印色情版畫圖冊，我就看得不多、看得不全；多年前台灣出過一部明人鄴華生撰的《素娥篇》，講述唐人武三思與侍妾素娥的性愛故事，全書四十三章，半圖半文，介紹了四十三種性愛姿勢，我也無緣獲得。資訊閉塞，便無從研究起，就留給別人去研究吧。

感謝朱瑞徵兄提供部分圖片資料，使本書內容更為完備。

是為序。

二〇一六年五月二十日
殷登國序於新店客寓

＊編按：《中國古代春宮祕戲圖講》全共二十五講，前十三講收錄於《風——中國古代春宮祕戲圖講》，後十二講收錄於本書《月——中國古代春宮祕戲圖講》之中，另附原目次對照表如左：

第一講　〈元人四季行樂圖〉，收錄於《風》一書中。
第二講　明中葉唐伯虎的春畫，收錄於《風》一書中。
第三講　仿仇英的〈園林春色〉圖卷，收錄於《風》一書中。
第四講　晚明崇禎年間春畫〈剃毛圖〉，收錄於《風》一書中。
第五講　明末清初的兩幅殘絹，收錄於《風》一書中。
第六講　清康熙年間浙派春宮〈年中行樂圖〉，收錄於《風》一書中。
第七講　清雍正年間仿仇英〈閨中樂事〉圖冊，收錄於《風》一書中。
第八講　清乾隆初年徐莞的〈歲華韻事〉，收錄於《風》一書中。
第九講　清乾隆年間紙本《金瓶梅》插畫，收錄於《風》一書中。
第十講　清乾隆中葉仿仇英絹本《金瓶梅》插畫，收錄於《風》一書中。
第十一講　清乾隆中葉彩色絹畫〈歲時豔戲〉，收錄於《風》一書中。
第十二講　清乾隆晚期繪本〈浮生六記〉，收錄於《風》一書中。
第十三講　清乾、嘉年間郎世寧畫風祕戲圖，收錄於《風》一書中。
第十四講　清乾、嘉年間〈梨園春色〉圖卷，即本書第一講。
第十五講　清嘉慶初年絹本《金瓶梅》插畫，即本書第二講。
第十六講　清嘉慶末年改琦〈紅樓夢春冊〉，即本書第三講。
第十七講　清道光年間彩色絹畫〈豪門淫樂〉，即本書第四講。
第十八講　清中葉仿明絹本〈洞房春意〉圖冊，即本書第五講。

第十九講　清咸、同年間〈後宮祕戲圖〉卷，即本書第六講。
第二十講　清同治年間〈青樓夜韻〉圖冊，即本書七講。
第二十一講　清同治年間水墨淡彩〈書齋祕戲〉圖冊，即本書第八講。
第二十二講　晚清王府貴族淫亂春宮畫〈嬲戲〉，即本書第九講。
第二十三講　晚清光緒年間京劇春畫，即本書第十講。
第二十四講　民初上海的〈風花雪月圖〉，即本書第十一講。
第二十五講　民國胡也佛畫《金瓶梅》插畫，即本書第十二講。）

目錄

第一講
清乾、嘉年間〈梨園春色〉圖卷

明神宗萬曆二十三年王聲繪〈男色圖〉。

《春夢遺葉》（*Dreams of Spring*）一書中刊載了荷蘭人費迪南・伯索雷（Ferdinand M. Bertholet）收藏的一個手卷〈梨園春色〉，它高二十一公分、長二二七公分，共約畫了十二組描繪梨園戲子男同性戀的祕戲圖，年代在清朝乾隆末、嘉慶初年，西元一七九五年左右，書上只刊載了十圖。

同性戀在中國上古時代就有記載，分桃、斷袖的故事，大家耳熟能詳，此後史不絕書，到明宣宗在位時（西元一四二六至一四三五年），因為要厲行儒家道學之治（史稱「宋明禮學」），便嚴禁官吏狎妓，於是將淫風倒向狎優，玩戲子的男同性戀。男色風氣自此逐漸興盛，一直持續到整個清朝，到民國初年仍餘風未歇，至今甚至有大張聲勢、化暗為明的趨勢。

雖然同性戀在上古就出現於中國了，但是描繪同性戀的圖畫卻出現得很晚，一直要晚到明朝末年。在荷蘭人費迪南・伯索雷收藏的晚明蘇州人王聲繪十開紙本冊頁祕戲圖中，有一幅描繪一個頭戴幞巾的書生，身上只披了件長衫，正在庭院竹林太湖石畔玩他書童的後庭。

一身女性妝扮的書僮，上身披粉紅色長衫，綠羅裙已褪至腳跟，腳上一雙紅繡鞋十分醒目。他長髮披肩如少女模樣，眉目姣好亦一如女子，正妖媚地躬身聳起屁股，準備用肛門迎接男主人的那話兒。如果不是書僮胯下也有一根勃起的肉棒，還讓人誤以為是男書生玩大腳丫環呢。王聲友人趙永配圖的五言律詩如下：

眉黛妒春風：眼波橫秋月，
婀娜步花叢，風來輕袂揭。
弱體不勝秋，無聊支晝永，
何處最關情？竹影搖清溜。

此類應酬應景詩照例不佳，詩後題「乙未冬日　趙永」，這個「乙未」應當是明神宗萬曆二十三年（西元一五九五年），如果再下一個「乙未」，就來到清順治十二年（西元一六五五年）了，顯然不符。

因為古時博取功名的讀書人，都要關在學堂裡讀書，如果考中進士到翰林院做官，也是不見女性的公家機關，所以往昔讀書人往往有男色之癖，而男同性戀也因此特稱為「翰林之風」。

明崇禎年間木刻版畫《金瓶梅詞話》三十四回插圖，描繪西門慶狎弄書僮情景。

明神宗萬曆三十四年刊印〈風流絕暢〉版畫冊頁中的〈翰林風〉。

在明神宗萬曆三十四年印製的五色套印春宮版畫冊頁〈風流絕暢〉中，也有一幅是描繪一位留鬚的官員，坐在衙署宿舍的涼榻上，摟抱玩弄書僮後庭的情景。前述王聲的那幅圖裡，書生的那話兒還未杵進書僮的屁眼中，而此圖中的官員已把那話兒送進書僮的肛門裡了。配圖的七言律詩題作〈翰林風〉：

座上香盈果滿車，誰家年少潤無瑕；
為探薔薇顏色媚，賺來試折後庭花。
半似含羞半推脫，不比尋常浪風月；
回頭低喚快些兒，叮嚀休與他人說。

詩的前兩句是誇讚書僮貌美，如三國時魏國的美男子荀粲和晉朝的美男子潘岳（字安仁），因為荀粲總是渾身盈香，而潘岳挾彈弓駕車出遊洛陽時，婦女都驚嘆尖叫，手拉手把車團團圍住，不放他走，還送上水果作禮物向潘岳討好，把潘岳的車子都堆滿了，每次都滿載而歸。

此外，晚明陳洪綬〈博古葉子〉四十幅版畫中，也有一幅描繪漢哀帝與董賢的「斷袖之癖」。

明朝崇禎年間《金瓶梅詞話》兩百幅木刻插圖中，第三十四回的插圖，也是描繪西門慶與書僮狎戲的故事，但都是比較含蓄的表現，算不上是春宮畫。

清朝時，有關男同性戀的圖畫就大膽多了。美國印地安那大學性學研究中心藏有清乾隆中葉的〈戲子狎戲圖〉，在《雲雨》（*Chinese Erotic Art*）一書上刊載了兩圖，一圖是扮皇帝的老生狎玩扮武將的小生；一圖是扮武將的小生狎弄扮書生的小生，月窗外還有扮書生的小生的妻子在偷窺。但是比起下面要介紹的圖卷，仍舊是小巫見大巫。

從史料記載中給人的印象，明、清時期的男同性戀大多是文人、官員或藝術家狎弄梨園相公或優童、小吏，一小部分則是大小

美國印地安那大學藏清人繪〈戲子狎戲圖〉之一。

和尚間的勾當，費迪南收藏的〈梨園春色〉圖卷，卻是描繪戲子與戲子之間的性行為，也讓人有意料之外、情理之中的感覺，原來這樣的行逕理當有之，不足為怪。

清朝初年時盛行「秦腔」，梨園優伶大多來自山西一帶，到了乾嘉年間，「徽調」大興，來自長江中游的童伶又取三晉而代之。乾隆四十四年，魏長生和四大徽班進京，使「安慶部」為都門所重，因此，這個〈梨園春色〉圖卷所描繪的優伶，應該是來自安徽的戲子。

中國有句古話：「戲子無情，婊子無義」，在古時候，演戲的伶人和賣笑的娼妓，是被人相提並論的，而且戲子的地位還比不上娼妓。他們為了謀生而操此「賤業」，自然很難與一般平民婚配而享有「正常」（指大多數人那樣）的性生活；伶人又絕大多數為男性，從小接受師傅嚴格的訓練管教，為師傅所狎弄。諺云：「要得會，跟

美國印地安那大學藏清人繪〈戲子狎戲圖〉之二。

師父一頭睡。」（見王鼎鈞《度有涯日記》一九九六年十一月二十九日記）學徒只有獻身讓師傅肏屁股，才能得到師傅的額外指點，把真工夫傾囊相授。除唱戲之外，還要應召赴局，侑酒賣笑，以後庭取悅客人；在如此生態環境下，戲子與戲子之間的春色，自然不免充滿同性戀的色彩了。

清乾嘉年間人張亨甫《金台殘淚記》說，這些戲子「八、九歲時，其師資其父母，養其歲月（給小優伶的父母一筆安家費），挾至京師（北平），教以清曲，飾以豔服，奔塵侑酒，為營利焉。」

優伶從十二、三歲走紅，到二十歲就被人嫌老，無人過問，他們再回鄉去買幾個八，九歲的兒童，帶到京師去訓練，自己當起了老闆（相當於妓院的老鴇）。他們在當伶童時為師傅狎弄後庭。作了老闆時當然又與伶童們搞同性戀，這就是〈梨園春色〉的背景。

〈梨園春色〉圖卷分室內與室外兩個部分，原圖應當由右向左開展，而《春夢遺葉》是洋文書，由左向右翻看，便讓讀者從卷尾往前翻了。現在仍按照原圖卷的順序來介紹，先介紹室外的兩圖，再解讀室內的八圖。

一、〈小生吹簫〉

兩年輕優伶，一扮小生、一扮鬚生。鬚生全裸，坐花園石椅之方枕上；小生半裸，內穿紅肚兜，性器半遮，露出兩粒睪丸，坐於擱在地上之方枕上，手持鬚生之陽具準備吮吸。

二、〈鬚生狎旦〉

一中年男子扮鬚生，全裸，站立於天然石椅前，舉起扮花旦之年輕優伶雙腿，以「老漢推車」之勢準備肛交。花旦身上只著紅肚兜，以肚兜下擺遮住陽具，側臉揚臂作嬌羞狀。此卷中凡扮女性供人肛交之「零號」，均以肚兜遮蓋陽具，只露出睪丸，不知是否為當時「玻璃圈」之規矩。

三、〈臨窗雞姦〉

「雞姦」為將男作女之意，此圖繪兩年輕優伶穿扮成

右為〈梨園春色圖卷之一・小生吹簫〉；
左為〈梨園春色圖卷之二・鬚生狎旦〉。

右為〈梨園春色圖卷之三・臨窗雞姦〉；
左為〈梨園春色圖卷之四・坐榻掏火〉。

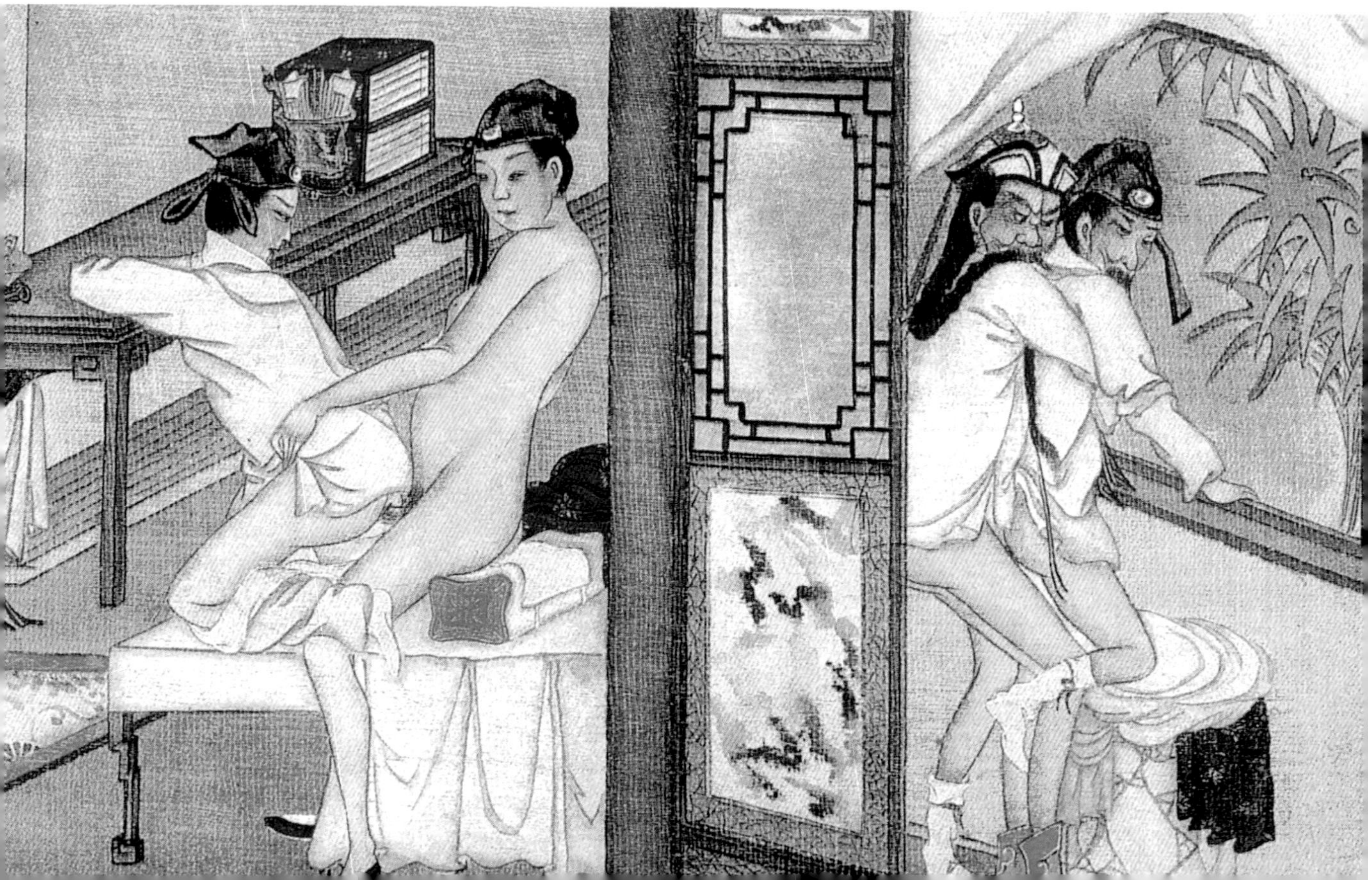

武生和鬚生，在窗前狎戲。武生下半身半裸，從後面摟緊臨窗而立的鬚生，把陽具搗入其肛門。鬚生屈右膝置於瓷墩上，以翹臀仰受，兩人以目相接，顧盼有情，像在詢問滋味如何？

四、〈坐榻掏火〉

兩年輕相公穿扮小生模樣，坐在矮榻上交歡，全裸之小生扮「一號」，摟住扮「零號」之小生腰際，從後方直捅其穀道，這樣的姿勢在男女歡愛時稱「隔山掏火」，原來在男同志間也十分流行。

五、〈坐式龜騰〉

一老者全裸，跪於花毯上，摟著扮武生的年輕優伶，扛舉其腿從正面出入穀道。武生穿深藍色上衣，下身赤裸，皮膚粗黑，兩腿高舉，膝頭過胸，在《素女經》的「九法」中稱「龜騰」，形容其「背屈如龜」也。

右為〈梨園春色圖卷之五・坐式龜騰〉；
左為〈梨園春色圖卷之六・帳前走旱〉。

六、〈帳前走旱〉

兩年輕優伶，一扮武生，半裸仰躺於床上，頭枕雙枕，舉首看床前站立的年輕鬚生如何狎弄自己。鬚生舉起武生左腿，以便抬高其肛門，可以恣意搗弄，他一邊聳腰挺股，一邊注視著愛人同志，十分關心他的感受是否歡愉，顯示出彼此的深厚感情。古人稱肛交為「走旱」，這是因穀道比較乾澀，相對於男女之間出入牝戶稱為「走水」。

七、〈椅上坐車〉

屏風前的衣架子上掛著戲袍，一件紅色的是文臣所穿的官袍，一件黃色的是龍袍；一旁的醉翁椅上坐了兩個戲子，年輕的戲子扮皇帝，坐在披著袍服的椅子上，年老的戲子扮宰相，坐在皇帝的懷裡。

皇帝的陽具已經插入宰相的後庭，一邊還伸手探入宰相的肚兜裡去捏玩他的性具。宰相十分快活。舉臂反摟住皇帝，兩人的另一隻手互相緊握，傳遞著彼此的激情。古時稱「肛交」為「坐

右為〈梨園春色圖卷之七．椅上坐車〉；
左為〈梨園春色圖卷之八．裸身龜騰〉。

車」，這是因為走旱路而得名，相對於牝戶之交媾就稱為「坐船」了。

八、〈裸身龜騰〉

此圖和前面的〈坐式龜騰〉姿勢相同，只是扮「零號」的改為全裸的中年鬚生而已。扮「一號」的中年男子在戲台上也是鬚生，他的官帽放在後方的一張方桌上，放在一件雙耳磁瓶上罩著，顯示出他對戲服的尊重、對自己在台前扮演角色的尊重。

九、〈舉足朝天〉

全裸中年男子扮鬚生，跪於矮榻前，舉起年輕武生之雙腿，聳陽搗弄其糞門。一旁的燈架上懸掛著紗燈，表示此刻正當深夜。雄糾糾的武生在後台床榻上，竟是讓人狎弄後庭花的「零號」，如此性別倒錯，真是「人不可貌相」也。

十、〈后狎孌童〉

這是〈梨園春色〉圖卷中最特殊的一幅圖，描繪纏足中年婦女全裸扮武則天皇帝，牝戶中夾著一根雙頭假陽具，在紫檀羅漢床上狎玩由年輕優伶扮演的面首（情夫）薛敖曹，一旁執拂侍立的是武后的貼身秘書上官婉兒。

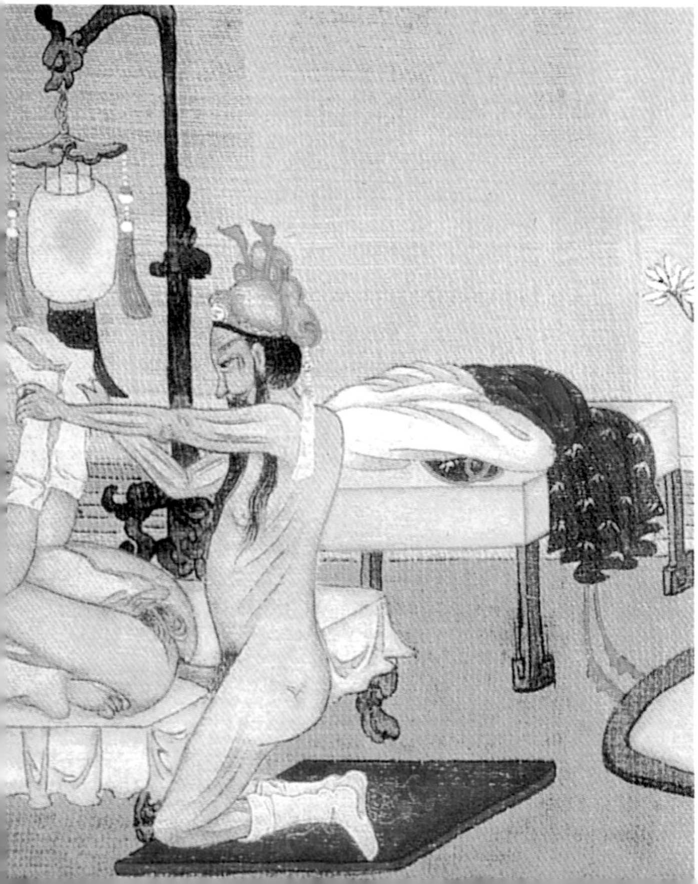

薛敖曹以巨陽著稱，曾以此重創武后，武后還曾在他的陽具上繫一綠繩，約法在抽送時不可深逾此線。

此圖中描繪武后挾假陽狎弄薛敖曹後庭，而薛面有懼色，想是怕疼，武后便也在假陽上繫一綠繩，相約不逾此線，以還報其「屌下留情」之恩，但是仍堅持要情郎嘗嘗被巨陽重創的滋味。

男女閨中狎戲，何所不有？此圖為當年武則天與薛敖曹在大唐後宮中的君臣嬲戲，提供了一個新奇的另類思考模式。

清人張燾《津門雜記》說，天津茶肆在過春節時有優伶唱淫曲、演淫戲，賺取客人的壓歲錢：「津門茶肆每歲底新正添設雜耍，招徠生意，其名目有絃子書、大鼓書、京子弟八角鼓、相聲、時新小曲等類，茶錢不過三、五十文，……時新小曲……皆淫褻粗鄙之詞，留枕窺簾、鋪排任口、風雲零雨、摹仿盡情。……更有兩男合唱者，作為一生一旦，自居巾幗，不特淫聲入耳，絕類妖孽，抑且眼角含情，一如蕩婦……」

如此看來，〈后狎孌童〉之戲，也可能是清中葉時，一些高官富賈聚會時欣賞的一齣活春宮，也說不定呢。

右為〈梨園春色圖卷之九・舉足朝天〉；
左為〈梨園春色圖卷之十・后狎孌童〉。

第二講

清嘉慶初年絹本《金瓶梅》插畫

這是《風》、《月》兩書中介紹的第三種《金瓶梅》插畫，收藏家依舊是費迪南・伯索雷（Ferdainand M. Bertholet），十二張一套的絹本冊頁，尺寸是四十二公分乘四十二公分，繪畫年代大約在清朝嘉慶初年（西元一八〇〇年左右），繪者姓名不詳。

這十二張作品在《樂園》（*Pleasures of Ganden*）一書中只披露了三張，從這三張可以看出繪畫者素描寫真的功力不錯，線條熟練有勁，作品相當有水準，就算構圖有前人粉本，是摹仿之作，也摹仿得很成功，是「只下真蹟一等」的佳作；花木栩栩如生，家具中規中矩，衣飾編藤描繪細緻，設色典雅富麗，除了人物表情還不夠生動之外，其他都很精彩。

以下就逐一介紹這三幅作品。

一、〈瓶兒偷情〉

在《金瓶梅》一書中，有兩個女人曾經以俗稱「倒澆蠟」的跨騎女上位姿勢和西門慶交歡，一是潘金蓮、一是李瓶兒。

兩人都是丈夫在世時就跟西門慶偷情、丈夫死後才改嫁給西門慶當小老婆的，用「倒澆蠟」的姿勢，騎到男人身上撒野賣騷，充分顯示了她們喜歡追求性愛歡愉的花痴本性，「紅杏出牆」絕非偶然。

這一張在桂花飄香、秋海棠盛放的中秋時節，一男

清朝嘉慶初年《金瓶梅》插畫〈瓶兒偷情〉。

一女在床榻上玩「倒澆蠟」的圖畫，男子固然是西門慶，女人到底是李瓶兒還是潘金蓮呢？潘金蓮以此式與西門慶交歡的情節，出現在《金瓶梅詞話》第五十一回和七十二回，前者發生在四月十九日，後者在十一月二十六日，時間與圖畫不符，所以畫中女子可能是李瓶兒。

李瓶兒與西門慶偷情的故事，出現於《金瓶梅詞話》第十三回，發生於九月九日重陽節夜晚，她先把丈夫花子虛誘勸到妓院去喝酒過夜，再讓情夫西門慶爬牆過來交歡。

這張圖很可能就是描繪西門慶在花子虛家與李瓶兒幽會的光景。

同書第十六回形容說「李瓶兒好馬爬著，教西門慶坐在枕上，她倒插花往來自動」，可見這幅畫畫的的確是李瓶兒與西門慶偷情的故事。

二、〈蕙蓮遭戲〉

在一間擺放著花瓶香爐、奇石盆景的堂屋裡，站著一個女子，她靠門邊站著，忽然門簾掀起，一個色急的藍袍男子伸手拉住她，像是要拉她進房。男子的陽具勃起，企圖不問可知。花瓶裡插著白梅花、水仙花、山茶花和結小紅果的南天竹，還有一叢松枝，說明時序是臘冬前後，這是《金瓶梅》第幾回上頭的故事呢？是誰向相誰求歡呢？

《金瓶梅詞話》第二十二回裡，有一段情節是西門慶在臘月二十八日這天，向僕人來旺的老婆宋蕙蓮求歡的故事，與此圖頗合。

書上說「須臾過了玉樓生日，（孟玉樓生日在十二月二十七日）。一日，月娘往對門喬大戶家吃酒去了，約後晌時分，西門慶從外來家，已有酒了，走到儀門首，這蕙蓮正往外走，兩個撞個滿懷，西門慶便一手摟過脖子來，就親了個嘴，口中喃喃吶吶說道：『我的兒，妳若依了我，頭面衣服，隨妳揀著用。』那婦人一聲兒沒言語，推開西門慶手，一直往前走了。」

圖中女子皺著眉，似有驚拒之意，身子也朝另一邊傾斜，想要掙脫抓她臂膀的男子，大概描繪的正是臘月末梢、西門慶酒後向僕婦宋蕙蓮求歡的故事吧！

清朝嘉慶初年《金瓶梅》插畫〈蕙蓮遭戲〉。

三、〈金蓮醉椅〉

堂屋屏風後，擺著一張紫檀長桌和一張紫檀醉翁椅，桌上一個白玉瓷瓶裡，插著一珠紅珊瑚，另一個白瓷清花多孔罐裡，插著幾杆盛開的報歲蘭，還有三個古董圓盆方罐，顯示屋主的雅趣。

椅上半躺著一個脫得光溜溜的白玉美人兒，把兩腿劈開跨擱在椅子兩邊的把手上，抬頭盯望著椅前站立的赤裸男子，正舉著勃起的陽具，準備一聳而入；兩人脫下的衣服就堆放上在醉翁椅邊的竹編焙籠上。鑲嵌山水紋大理石烏木屏風旁，一架漆紅燈架上高燒紅燭，真是良夜春宵樂事多。

在《金瓶梅詞話》裡，如此盡興追歡的女人只有潘金蓮，在全書有關潘金蓮三十二次性愛描寫中，躺在醉翁椅上玩「老漢推車」之式的情節只有一處，那就是第八十三回裡，她與女婿陳經濟偷情的那回，書上說：「……那日正值九月十二、三，月色正明，陳經濟……打後邊角門走入金蓮那邊，搖木槿花為號。春梅連忙接應，引入房中。……婦人便赤身露體仰臥在一張醉翁椅兒上，經濟亦脫得上下沒條絲，又拿出春意二十四解本兒，放在燈下，照著樣兒行事……。」

這段情節接下去是潘金蓮吩咐丫環在陳經濟身後幫忙推送屁股，免得情夫身子乏累了，此圖則並未畫出，書上說兩人身旁應擺著一本攤開的春宮畫冊，此圖也未畫出；只畫了一個焙籠上擺著一堆脫下的衣裙。此事發生在九月中旬，那桌上花罐裡插的就應當是四季蘭，而非正月新春開的報歲蘭了。

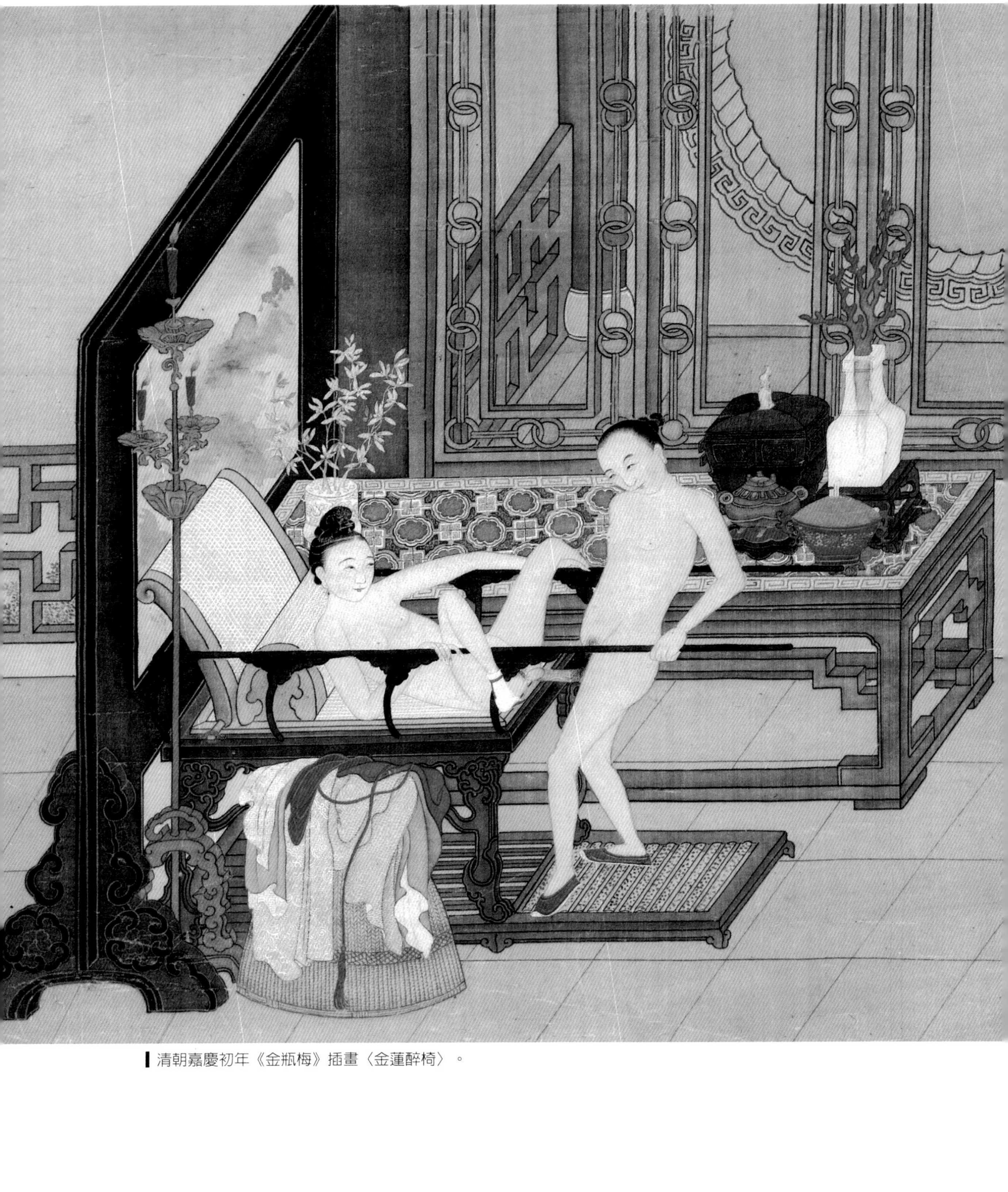

清朝嘉慶初年《金瓶梅》插畫〈金蓮醉椅〉。

第三講

清嘉慶末年改琦〈紅樓夢春冊〉

這一套十二張清中葉改琦所畫的祕戲圖，出現在日人福田和彥編著的《中國春宮畫》一書中，因為台灣書賈的盜印，很早就為國人所熟知了。二十年前我在談中國祕戲圖的長文中就介紹過它，後來收入被查禁的「千年綺夢」第一冊中，當時我並沒有看出這十二幅畫是描繪《紅樓夢》一書中的「金陵十二釵」正冊十二位女子。

這回撰寫本書，再仔細研究這個冊頁，首先覺得畫中男子很年輕，像未成年的小孩，我忽然猜到它應該是《紅樓夢》中的男主角賈寶玉。有此想法後，那十二張圖應該就是描繪書上第五回的「金陵十二釵」了。

順此思緒看畫，最先被我認出的是〈長思自遣〉那幅，因為十二釵中的李紈是個年輕的寡婦。而後我又確定了〈空口相從〉應該畫的是帶髮出家的女尼妙玉，最後才一一破解了這十二張圖內容的真面目。

這個〈春冊〉確實就是改琦畫《紅樓夢》一書中，「金陵十二釵」正冊裡的十二位女子——當時南京選美的前十二名佳麗：林黛玉、薛寶釵、賈元春、賈探春、史湘雲、賈迎春、賈惜春、妙玉、王熙鳳、巧姐、李紈和秦可卿。

改琦在嘉慶二十一年（西元一八一六年）前後完成了五十一幅的〈紅樓夢圖詠〉，因為刻繪精美、頗受好評，傳到嘉慶皇帝的耳裡，特地降旨要改琦再畫一個「限制級」的〈紅樓夢圖詠〉，讓皇帝獨自欣賞，於是才有了〈紅樓夢春冊——金陵十二釵〉的誕生。

這個冊頁大致完成於嘉慶末年（西元一八二〇年）左右，其中一幅上有「臣改琦恭繪」的字樣，原因在此。〈紅樓夢春冊——金陵十二釵〉原藏於清宮，後來在日本侵華時被日人劫掠至東瀛，成了日本私人的收藏，確切的流傳過程目前並不清楚。

福田和彥在《中國春宮畫》一書中，把這十二幅春畫的繪製年代訂在「十六世紀頃」，也就是明朝中葉，那是錯誤的，那時曹雪芹還沒誕生，就更不用說《紅樓夢》了；他在另一處把這套作品訂在乾隆年間（西元一七三六年至一七九五年）也嫌太早，由此可見福田和彥始終也沒弄清楚這十二幅畫的主題和內容。

從改綺畫過〈紅樓夢圖詠〉、對《紅樓夢》書中人物的熟悉，從改琦對花鳥、人物、山水畫都十分擅長的背景，他的確有可能畫這個「金陵十二釵」春宮畫的，也只有把這十二幅祕戲圖解讀為《紅樓夢》一書中的故事、看成是《紅樓夢》的插畫，那每一幅畫上的四字題句才能明瞭，對畫的內容也才能有更清楚正確的認知。

先介紹改琦的生平經歷。

據清中葉人錢泳在《履園叢話》卷十一說：「改琦號七薌，祖先是河北直隸人，因為南下江蘇松江擔任軍職，改籍江蘇華亭，改七薌山水人物畫得很好，在蘇州、松江一帶十分著名，小楷也寫得好。」

另據清中葉人盛大士《谿山臥遊錄》卷三說：「改琦工於填詞，畫花卉神似惲壽平，山水學仇十洲、唐伯虎，頗有北宋神韻。」

近人俞劍華《中國繪畫史》第十四章則說：「改琦人物佛像仕女畫是融合了李公麟、趙孟頫、唐伯虎、陳洪綬各家而成，卻有自己獨創的跌宕秀麗的風格。」

改琦生卒年大約在乾隆中葉至道光十五年以前，也就是西元一七六五年至一八三五年間，他在五十歲左右先後完成了〈紅樓夢圖詠〉和〈金陵十二釵〉正冊春宮。前者畫中人物俊美、運筆婉麗，因版畫印刷量大，使他聲名傳世；後者卻因進獻皇宮、秘而不傳，又流落東瀛，連作品內容都無人了解，令人不勝唏噓。

這十二張彩色作品畫於絹上，稱得上富麗雅緻，尤其畫中女子個個美豔動人，真不愧是「金陵十二釵」。因為目標鎖定在十二釵正冊的十二名女子，所以這些畫不會是襲人、尤二姐、尤三姐、平兒、多姑娘或鮑二媳婦她們的風流故事，避開了錯誤的解讀，讓我們可以更準確地還原改琦當初繪畫的用心。

而把〈紅樓夢春冊〉與〈紅樓夢圖詠〉中相同的人物作對比欣賞，也是件很有意思的事。好像一個個衣飾鮮麗、玉潔冰清的美女，在讀者面前寬衣解帶，赤裸展現她們淫蕩情慾的過程。如果美女一開始就裸裎相向、淫蕩風騷，那又與娼婦何異？那就索然無味了。

把〈紅樓夢圖詠〉中「金陵十二釵」貞潔端莊的形象，與〈紅樓夢春冊〉中放蕩風騷的縱慾作對比，才更能達到煽情的刺激效果，更見〈春冊〉之誘人媚力與藝術用心。

以下就按「金陵十二釵」正冊排名順序，對照《紅樓夢》原著一一介紹這十二名美女的風流故事。

一、〈移目觀情〉（林黛玉與賈寶玉）

在大觀園西北邊的瀟湘館、林黛玉居住的園林裡，一處太湖石邊的芭蕉樹下，賈寶玉摟著林黛玉，像要吃她口上的胭脂；黛玉有些羞怯地推拒著，側臉看到樹下草叢間一對相親相愛的小白兔，「移目觀情」指此。

因為是春畫，所以林黛玉的裙子被脫下了，露出了牝戶。可是《紅樓夢》中並沒有賈寶玉和林黛玉雲雨巫山的情節，書上第九十八回黛玉臨死前對丫環紫鵑說：「我的身子是乾淨的……」，可見她臨終還是處子之身，改琦也就不可能畫出兩人做愛的激情場面。

在〈紅樓夢圖詠〉中，林黛玉是站在竹林間，以符合「瀟湘館」的情節，〈金陵十二釵〉中，為免重複而改成芭蕉樹下。風中瀟瀟的竹林和雨中滴瀝的芭蕉都有悲愁之意，契合林黛玉的悲劇性格和悲慘下場。

小白兔是純潔柔弱的象徵。畫中兩隻小白兔也譬喻了追求詩詞性靈、精神戀愛的林黛玉和賈寶玉，在人情關係複雜險惡的大觀園裡，是不可能有美滿結局的。

二、〈顛鸞縱翠〉（薛寶釵與賈寶玉）

在王熙鳳的調包計下，誤以為跟林黛玉結婚的賈寶玉和薛寶釵拜了天地，進洞房揭開新娘頭巾後，賈寶玉驚愕地發瘋了，在得知黛玉已死，寶玉的病情愈發沉重。

▍清人改琦繪〈紅樓夢春冊・金陵十二釵〉之一，林黛玉與賈寶玉的〈移目觀情〉。

▍清人改琦繪〈紅樓夢圖詠〉中的賈寶玉木刻版畫。

▍〈移目觀情〉春畫中女主角林黛玉（改琦繪〈紅樓夢圖詠〉木刻版畫）。

清人改琦繪〈紅樓夢春冊・金陵十二釵〉之二，描繪薛寶釵與賈寶玉夫妻的〈顛鑾縱翠〉。

〈顛鑾縱翠〉春畫中女主角薛寶釵（改琦繪〈紅樓夢圖詠〉木刻版畫）。

新娘薛寶釵也不急，讓賈寶玉獨自睡在外間療養情傷，要丫環麝月、柳五兒打地鋪照應，自己孤枕獨眠睡裡間。

過了幾個月，賈寶玉終於面對現實，與薛寶釵圓房了。書上第一〇九回說：「這寶玉固然是有意負荊，那寶釵自然也無心拒客，從過門至今日，方才是雨膩雲香，氤氳調暢……」此圖描繪賈寶玉瘋病初癒，虛弱地仰躺著，任妻子騎在身上撒野。薛寶釵一手摟著得來不易的丈夫，一手作出圓滿勝利的手勢，面露得意的微笑，牝戶吞吐著賈寶玉的陽具，真是苦盡甘來呀！

《紅樓夢》第八回介紹薛寶釵，說她「唇不點而紅，眉不畫而翠，臉若銀盆，眼如水杏」；第三十回藉賈寶玉之口說：「怪不得他們拿姐姐比楊妃，原來也體豐怯熱」；說薛寶釵肌膚豐腴、容貌端麗、白嫩的圓臉、水靈的大眼、豐滿的身材，有如唐朝的楊貴妃。〈春冊〉上的寶釵畫得比〈圖詠〉更豐滿肥腴，更符合《紅樓夢》原書之意。

「顛巒縱翠」是形容背景屏風上面青翠的山巒，但是「顛巒」讓人想起形容女上男下「顛鸞倒鳳」的姿勢，「縱翠」又可解釋為「翠眉」的薛寶釵在男人身上放縱情慾，與圖畫中的故事緊緊相扣，就成了寓意豐富的好題句，起到畫龍點睛的效果了。

三、〈正大光明〉（賈元春與廢太子胤礽）

賈元春是賈政的長女，正當青春燦爛之年，被送入皇宮作女史，後來晉封為鳳藻宮尚書，加封賢德妃，成了王室的嬪妃，在宮中二十年，曾有過榴花般紅豔的受寵歲月，《紅樓夢》十七、十八回「元春省親」，描寫她衣錦榮歸的風光排場，但是卻很少描寫她在宮中的生活，也沒有說她入宮後與皇朝何人發生肌膚之親、是誰的妃子。

據紅學專家劉心武教授的考證，賈元春是嫁給康熙朝廢太子愛新覺羅胤礽為妃。說此圖是描繪「金陵十二釵」正冊中的賈元春，與胤礽在後宮白晝宣淫的證據有二：一是男女身上華貴的繡袍，比其他十一圖中的男女衣服都更加奢貴；二是題句「正大光明」，讓人聯想到清朝北京紫禁城皇宮裡，皇帝接見官員外賓的乾清宮正殿上那塊「正大光明」匾。

〈紅樓夢春冊・金陵十二釵〉之三，改琦描繪賈元春與廢太子胤礽的〈正大光明〉。

改琦〈紅樓夢圖詠〉中滿腹委屈、心事重重的賈元春。

此圖中的性姿勢是女子低聲下氣地俯伏作母狗，男子盛氣凌人地從後方直捅，俗稱「狗交」或「隔山掏火」，但男子似乎捅的不是牝戶而是「菊花」，顯示在深宮小太監堆裡長大的年輕太子，有「走後庭」的特殊癖好。

此圖我以為是改琦故意如此畫的，而不是粗心地忘了畫出肛門部位，由此也暗示賈元春在宮中的生活並不如外人想像的幸福，有很多不足為外人道的苦處委屈。《紅樓夢》書中說賈元春後來突然病死，得年四十三歲，也是悲劇下場。那麼這幅賈元春俯伏在地、任由廢太子胤礽採「後庭花」的春畫，就更顯示改琦的深刻寓意了——題為「正大光明」，卻偏偏行不由徑地走後門，又何其諷刺啊！

四、〈風雲慾美〉（賈探春與丈夫）

在《紅樓夢》中，賈家四姊妹中排行老三的賈探春，是個「俊眼修膚，顧盼神飛，文彩精華，見之忘俗」的女子，她才能出眾，不同凡響，行事正派，律己甚嚴，曾力圖改革腐朽沒落的大觀園，與賈府中汙穢貪腐墮落的邪惡力量對抗，但終於未能改變現實環境，最後遠嫁給一位不知名的貴公子（書上沒說其姓名），算是四姊妹中下場較好的一位。

此圖題作〈風雲慾美〉，背景上方有雲彩移動，題意指賈探春與丈夫的性生活圓滿和諧。兩人平起平座的性姿勢十分新鮮，不見於「素女九法」，也不見於「洞玄子三十法」，在一般春宮畫中也罕見此式，似乎藉此凸顯出賈探春勇於革新的性格特質，她右手指著牝牡交合處像在說什麼，目光也落落大方地看著丈夫，都說明她是個不拘俗套、不同凡響的女性。

五、〈和樂春融〉（史湘雲與衛若蘭）

史湘雲是賈母史太君弟兄忠靖侯史鼎的孫女，從小父母雙亡，靠著嬸娘生活，到賈府後才獲得些友情與溫暖，卻捲入賈寶玉、林黛玉、薛寶釵的三角戀愛中，使一男三女關係更錯縱複雜，後來家裡把她許配給衛若蘭，才終止了她與賈寶玉的曖昧關係。本圖就是描繪史湘雲與丈夫衛若蘭婚後「和樂春融」的性生活。

〈紅樓夢春冊．金陵十二釵〉之四，描繪賈探春婚後與丈夫的〈風雲慾美〉。

改琦春畫〈風雲慾美〉中的女主角賈探春木刻版畫（〈紅樓夢圖詠〉）。

〈紅樓夢春冊・金陵十二釵〉之五，描繪史湘雲與丈夫衛若蘭的〈和樂春融〉。

〈和樂春融〉中的女主角在〈紅樓夢圖詠〉版畫中的造型。

為什麼說此圖中的女子是史湘雲呢？因為《紅樓夢》第六十二回中，有一段「憨湘雲醉臥芍藥裀」的描寫：「（史湘雲）在花叢中的一個石凳子上睡著了，四面芍藥花飛了一身，滿頭臉衣襟上皆是紅香散亂，手中的扇子在地下，也半被落花埋了。……眾人看了又是愛、又是笑，忙上來推喚挽扶，湘雲口內猶作睡語說酒令……。」

這就是著名的「湘雲眠芍」。在改琦〈紅樓夢圖詠〉中的史湘雲，就是畫她醉眠芍藥花旁的石凳上，此圖中的女子的髮型臉形身體姿勢與〈圖詠〉中的湘雲大致相仿，微醺的雙眼也與醉眠相似，卻正好用來表現她與丈夫敦倫快活欲仙的表情。

題作〈和樂春融〉，一方面符合背景的三月春景桃花盛開，一方面也是形容男歡女愛如醉如癡，畫史湘雲雙眼微醺，正是改琦用心處。

六、〈守口相從〉（妙玉與賈寶玉）

《紅樓夢》第十七回至第十八回，介紹妙玉說她本是蘇州人士，祖上也是讀書仕官之家，因自小多病，便捨入空門，帶髮修行，法名妙玉；隨從師父進京後，賈府知道她是官宦小姐，精通文墨，特下帖將十八歲的妙玉請進大觀園，住在東南邊的櫳翠庵中。她氣質才華出眾，好高過潔，雖然青燈蒲團，努力修持，卻悟出「空即是色」，終於捲入情慾的糾纏中，被強盜劫持而淪落風塵。

書上第五十回說賈府的薛、李、邢、王、史幾家親戚接踵而至，公子、小姐們雲集大觀園暖香塢，賞雪吟詩、聯句製謎，賈寶玉不會聯句，被令官李紈罰他冒雪到櫳翠庵向妙玉乞取紅梅一枝，插瓶助興。寶玉持紅梅歸來時說：「妳們如今賞罷，也不知費了我多少精神呢！」

曹雪芹的一句「費了多少精神」，被畫春宮的改琦解讀成「費了多少氣力」，說賈寶玉在妙玉的身上花了許多氣力，滿足了她的肉慾需求後，才摘得紅梅而歸。

此圖題作〈守口相從〉，說女子只要男人守口如瓶，便肯脫衣相從。在十二金釵中，只有妙玉才需要玩她的男人守口如瓶，因為她是出家人，不能讓別人知道她犯了色戒。

在改琦所繪〈紅樓夢詠圖〉中的妙玉，是深夜（侍童已倦睏而睡）猶獨坐淨室，打坐參禪、形像聖潔的女居

〈紅樓夢春冊・金陵十二釵〉之六，描繪妙玉與賈寶玉偷情的〈守口相從〉。

改琦〈紅樓夢圖詠〉中端坐禪榻、莊嚴妙曼的妙玉。

士，但是到了〈紅樓夢春冊〉裡，妙玉就完全變成另外一個人了；妙玉坐在芭蕉樹前的織蓆上，依舊打坐參禪，卻被賈寶玉從身後強行摟住，一手摸著乳房，一手探摳牝戶，要與她共參歡喜禪。

妙玉頓時方寸大亂，六神無主，顫聲回臉道：「你不許對外人說喔！」在獲得寶玉「守口如瓶」的保證後，就攤開雙手乖乖順從了。

〈圖詠〉中的聖潔形象，在〈春冊〉中只剩下眉眼含春、嬌喘媚吟，這樣巨大的轉變會不會「太超過」？不然！曹雪芹在《紅樓夢》第五回早就對妙玉作蓋棺論定的判語了，說她「欲潔何曾潔？云空未必空；可憐金玉質，身陷泥淖中。」只是順著《紅樓夢》原書的描寫，賈寶玉應該是去櫳翠庵向妙玉乞摘紅梅時，趁機偷襲在打坐參禪的妙玉，發生了不告人的關係，而〈春冊〉中卻畫成賈寶玉強摟在芭蕉樹下打坐參禪的妙玉，蠻幹求歡，在季節時間上兜不攏；只能說這是藝術家創作時應可享有的自由發揮的空間吧。

七、〈天擎地綰〉（賈迎春與孫紹祖）

賈迎春是賈家四姐妹中的老二，為賈赦之女、賈璉同父異母妹，庶出。《紅樓夢》第三回形容她的長相說：「肌膚微豐，合中身材，腮凝新荔，鼻膩鵝脂，溫柔沉默，觀之可親。」性格卻是反應遲鈍、懦弱無能。後來她由父母親作主，嫁給大同府一個世襲軍職的指揮孫紹祖，此人綽號「中山狼」，是個驕奢淫蕩、作踐婦女的虐待狂，結果迎春被虐而死，應了「金陵十二釵」正冊判詞寫她的「子係中山狼，得志便猖狂，金閨花柳質，一載赴黃粱。」

「天擎地綰」是說把天舉高，統攝大地，也就是在性交時完全主動掌控一切的意思。

此圖畫孫紹祖要妻子學娼婦馬爬在他身上，把屁股抬高，任他挺矛縱送，恣意折騰；迎春面有羞慚表情無奈，紹祖側臉斜睨，露出得意神色。這是令女性不堪的「狗交式」變體，要女子學娼妓自搖臀股，展現騷態，比「狗交」之學母狗被動受淫更加屈辱，改琦據以描繪孫紹祖之

〈紅樓夢春冊．金陵十二釵〉之七，描繪賈迎春與丈夫孫紹祖的〈天擎地綰〉。

改琦〈紅樓夢圖詠〉中的賈迎春。

性虐狂，可謂用心細膩。

八、〈玉蘭初雨〉（賈惜春與薛蝌）

賈敬之女、賈珍胞妹、賈府四小姐賈惜春，由於年齡較小，在《紅樓夢》前八十四回中，比較看不出性格風貌，也沒有她情感生活的描寫。書上第五回「金陵十二釵」正冊，對她一生的判詞是「勘破三春景不長，緇衣頓改昔年妝；可憐繡戶侯門女，獨臥青燈古佛旁。」

說惜春見三個姐姐婚姻生活不美滿，知道三春美景短暫，又與妙玉接近，受她影響較深，最後勘破紅塵，出家為尼了。可是就如同賈府的老僕焦大說的「每日家偷狗戲雞，爬灰的爬灰，養小叔子的養小叔子」，大觀園裡只有門前一對石獅子是乾淨的，那賈惜春也應該有些風流韻事，只不過曹雪芹沒有明寫出來罷了。

改琦畫這套春冊時，便合情合理替這位能詩能畫的才女安排了一位情郎，要荳蔻年華的惜春，也因懷春而與某個男子有了肌膚之親。

「玉蘭初雨」就是形容情竇初開的賈惜春，在大觀園她所住的藕香榭花園裡，被某個年輕英俊的男子甘言誘惑，躺在石椅上任其褪去底褲，用手指狎玩私處，準備初試雲雨滋味，男子身穿繡金花藍袍，顯然是位公子，不是賈府的小廝僮僕。

在《紅樓夢》第四十九回裡，說賈府親戚王熙鳳的哥哥王仁、和薛寶釵的堂弟薛蝌都來到大觀園作客，其中薛蝌年輕英俊，與不成材的寶釵親兄薛蟠完全兩個樣，引起眾人之嘆羨，說賈寶玉見了薛蝌，忙到怡紅院向襲人、麝月、晴雯笑道：「妳們還不快著看去，誰知寶姐姐（薛寶釵）的親哥哥（薛蟠）是那個樣子（不成材），她這叔伯兄弟（薛蝌）形容舉止，另是個樣子，倒像是寶姐姐的同胞兄弟似的。」

薛寶釵是肌膚瑩潤、容貌端麗的大美人，那長得像寶釵同胞兄弟似的薛蝌，也當是個英俊瀟灑的風流公子；那麼改琦筆下與賈惜春初試雲雨情的男子應當是薛蝌了。薛蝌來大觀園時是十月初雪天，在玉蘭花盛開的早春時節，與賈家四小姐偷嘗禁果，當中經歷了三個多月的感情醞釀，兩人的交歡也就不算突兀了，

唯一突兀的是，原來能詩擅畫、宛若仙女的賈惜春，

▍〈紅樓夢春冊・金陵十二釵〉之八，賈惜春與情郎薛蝌偷嚐禁果的〈玉蘭初雨〉。

▍〈紅樓夢圖詠〉中氣質高雅的才女賈惜春。

▍〈紅樓夢圖詠〉中年輕英俊的貴公子薛蝌。

在一榻橫陳、雲雨巫山時，竟也和一般女性一樣，是如此兩腿大張、騷媚淫蕩，與平昔的婉麗端莊、彷彿不食人間煙火相對照，反差實在太大了，而這也正是〈春冊〉的魅力所在。

九、〈如瓶含豔〉（王熙鳳與賈璉）

王熙鳳在「金陵十二釵」正冊中是個精明厲害、華貴明豔的美女，容貌豔若桃李，手段毒如蛇蠍。《紅樓夢》第三回形容她出場時說：「只見一群媳婦丫鬟擁著一個麗人，從後房進來，這個人打扮與姑娘們不同，彩繡輝煌，恍若神妃仙子，頭上戴著金絲八寶攢珠髻，綰著朝陽五鳳挂珠釵，項上戴著赤金盤螭纓絡圈，身上穿著鏤金百蝶穿花大紅雲緞窄揹襖，外罩五彩刻絲石青銀鼠褂，下著翡翠撒花洋縐裙；一雙丹鳳三角眼，兩彎柳葉掉梢眉，身量苗條，體格風騷，粉面含春威不露，丹唇未啟笑先聞。」這是對王熙鳳的細膩描寫，在〈紅樓夢圖詠〉中有寫實精確的描繪，完全可以「按圖索驥」。

王熙鳳的丈夫賈璉是世宦大家的貴族子弟，有錢有勢，王家與賈府的聯姻堪稱門當戶對，夫妻又年貌相當，從外表看起來是美滿幸福的一對佳偶。但受到貴族家教的影響，王熙鳳的觀念古板思想保守，對性愛懷有一種自尊和羞澀，心理上存有障礙，以為那是個骯髒下流勾當；而賈璉受其父影響，是個酒色之徒，對妻子在床笫間的拘謹作風心生不滿，書上第二十三回有如下的描述：「賈璉道：『……昨兒晚上，我不過是要改個樣兒，妳就扭手扭腳的。』鳳姐聽了，嗤的一聲笑了，向賈璉啐了一口，低下頭便吃飯。」賈璉對悍妻又愛又怕，只能玩傳統的男上女下式，妻子又反應冷淡，只好找僕婦如多姑娘、鮑二媳婦玩吹簫吹笙、隔山搗火、或倒澆蠟燭、和尚端磬等花樣。

此圖中的王熙鳳儀態端莊地仰躺在織花地毯上，冷眼旁觀丈夫賈璉躬身跪在自己面前，小心翼翼地把那話兒送進牝戶，兩人面部表情傳神極了，清晰刻劃出夫妻間不諧調的性關係。「如瓶含豔」是形容王熙鳳像身後石桌上寶石藍嵌瓷畫花瓶裡，插著的一枝在盛夏時開放的香豔的白蘭花，只宜遠觀，不可褻玩。此圖大大滿足了無數「紅迷」對豔麗潑辣的王熙鳳，在床笫之間該是怎番香豔光景的性幻想。

〈紅樓夢春冊・金陵十二釵〉之九，王熙鳳與丈夫賈璉敦倫的〈如瓶含豔〉。

改琦〈紅樓夢圖詠〉中高貴端莊的王熙鳳。

十、〈二意幽閒〉（巧姐與王板兒）

巧姐是王熙鳳的女兒，從小嬌貴多病，劉姥姥二進大觀園時，王熙鳳要貧苦出身的她給巧姐取個粗俗的名字（原先只叫「大姐兒」），可以不生疾病、順利長大，劉姥姥聽說她是七夕生的，就給她取名「巧姐」。後來賈府勢敗遭抄沒，王熙鳳身死家亡，巧姐孤苦伶仃、無依無靠，被狠舅奸兄勾結串通，企圖將她賣到妓院；幸虧劉姥姥出面搭救，接巧姐回家，與自己親家王成的孫子板兒結為夫妻，靠著家中兩畝薄田，男耕女織，在荒村裡過著自食其力的悠閒生活。

高鶚續完的《紅樓夢》後四十回，寫巧姐嫁給鄉村周財主之子，是違背曹雪芹的原意的，因為《紅樓夢》第五回說，賈寶玉看到「金陵十二釵」正冊上畫著一座荒村野店，有一美人在那裡紡織，其判詞云：「勢敗休云貴，家亡莫論親；偶因濟劉氏，巧得遇恩人。」清人改琦的〈紅樓夢圖詠〉畫到巧姐時，就完全依照上一段文字來描繪。

改琦的〈紅樓夢春冊〉畫巧姐與一男子在郊野敦倫，看模樣比較像是周財主之子，但也可能畫的是農夫王板兒，題作〈二意幽閒〉，是說夫妻二人自食其力、過著悠閒自在、無人打擾的生活。

十一、〈長思自遣〉（李紈與丫環）

李紈是金陵名宦之女，自幼讀書識字，受嚴格的封建禮教規範，性格嫻淑、處事明達，嫁給賈珠為妻，與王熙鳳是妯娌，婚後不久即守寡，育有一子賈蘭，從此清心淡泊、潔身自好，住在賈府大觀園裡的稻香村，過著守寡的日子。

曹雪芹對李紈的德行與操守十分讚揚，對她的不幸遭遇深表同情，改琦卻從人性出發，認為青春守寡的李紈也有七情六慾，也常常受到情慾的煎熬，要想法子自我排遣發洩。

在「長思自遣」一圖中，時間是暮春初夏，牡丹盛開、芭蕉展綠；李紈春心萌動，不可自持，便靠躺在太湖石邊，用手自慰起來。太湖石後邊有一女子偷窺，應當是侍候她的丫環素雲或碧月。〈紅樓夢圖詠〉中的李紈一副

▍〈紅樓夢春冊．金陵十二釵〉之十，描繪巧姐與丈夫王板兒在郊外野合的〈二意幽情〉。

▍改琦〈紅樓夢圖詠〉版畫中的王巧姐。

嚴持禮教、清心寡慾、端莊自持的模樣，〈紅樓夢春冊〉上的李紈卻是個雙腿大張、細搓陰蒂的風騷寡婦，人前人後差異如此之大，這才是人性。也可見改琦對人性了解之透澈、表達之深刻，不愧是個偉大的藝術家。

十二、〈合品方濃〉（秦可卿與賈寶玉）

秦可卿是秦業從養生堂抱來的養女，小名可兒，後來嫁與賈蓉為妻，比王熙鳳、李紈要晚一輩。論容貌，她鮮豔嫵媚，有似薛寶釵；風流裊娜，又如林黛玉；性格更是溫柔可親，甜滋滋、軟綿綿，在「金陵十二釵」正冊中，是個明媚耀眼的美人，可是在性生活方面，她也格外放蕩，與賈寶玉有肌膚之親，與公公賈珍也關係曖昧，有翁媳扒灰亂倫的勾當。

賈寶玉論輩份比秦可卿長一輩，與可卿公公賈珍平輩，但年紀比可卿小幾歲。《紅樓夢》第五回說：十三、四歲的賈寶玉到可卿房中睡覺，一個嬤嬤以為不妥，說：「哪裡有個叔叔往姪兒媳婦房裡睡覺的禮呢？」秦可卿笑道：「不怕他惱，他能多大了，就忌諱這些個？」

秦可卿寢室陳設皆香豔旖旎之物，寶玉在睡夢中跟秦可卿悠悠蕩蕩來到一個仙境，遇到警幻仙子，說可卿是仙子之妹妹，兩人依警幻仙子所授雲雨之事，而有了肌膚之親。

改琦〈春冊〉此圖描繪年紀稍長的可卿，誘導小弟弟一般的賈寶玉雲雨巫山，一手摟著寶玉肩頸、一手抓著寶玉陽具要往自己胯間塞入，嘴上還舌吻著寶玉，一副熟女要吃童子雞的貪婪模樣。

題作〈合品方濃〉，指三口（兩人之口與女子牝口）相合，滋味才濃郁可口。

〈紅樓夢春冊・金陵十二釵〉之十一，描繪守寡的李紈自瀆，丫環偷窺的〈長思自遣〉。

改琦〈紅樓夢圖詠〉中的寡婦李紈，身後是他的丫環。

〈紅樓夢春冊・金陵十二釵〉之十二，描繪秦可卿主動與賈寶玉偷情的〈合品方濃〉。

改琦筆下風流美麗，明豔大膽的秦可卿（〈紅樓夢圖詠〉木刻版畫）。

第四講

清道光年間彩色絹畫〈豪門淫樂〉

這是一套相當精緻的絹本春畫，共殘存七幅，尺寸為三十三點六乘三十五點三公分，約繪於西元一八五〇年，收藏者為荷蘭人費迪南・柏索雷（Ferdinand M. Bertholet）。

它徹頭徹尾是清朝人畫清朝當代的春宮畫：服裝髮飾是清朝的、男女相貌是清朝的，連畫面呈現的趣味——粗鄙直率、赤裸刻畫情慾的手法也是清朝的。而在此之前，尤其清朝前期的一百多年，清人常畫明朝人穿扮的仿明式春宮畫，原因有二：一是懷念前朝，二是仿古牟利。

它也是大清帝國最後一套如此精緻的春畫：茸茸草地畫得一筆不苟，格格紗窗畫得一筆不苟，片片竹葉畫得一筆不苟，縷縷衣紋也畫得一筆不苟。

春宮畫的精麗程度，反映了國勢強盛和經濟富裕的程度。由於西元一八四〇年中英鴉片戰爭至一八六〇年英法聯軍攻入北京，清廷對外簽訂了不平等條約割地賠款；加上持續十八年（西元一八五一年至一八六八年）的太平天國內亂，在此雙重打擊下，民生凋蔽的中國市場，就不再有如此精麗絕倫的春畫供需環境了——人們買不起、也畫不出如此華貴奢昂的春畫。所以我把它的繪製年代訂在清道光三十年的一八五〇年。

這套春冊描繪的是江南富紳或鹽商的生活一瞥。故事發生的地點也許是蘇州、也許是杭州，畫江南園林之華美精緻、富豪陳設之富麗堂皇，都令人印象深刻。然而與康、雍、乾三朝的精美華麗相比，這個冊頁已經透露出由

清道光年間〈豪門淫樂圖冊之一．露陽情挑〉。

盛轉衰的氣息。

以下逐一介紹這七張作品。

一、〈露陽情挑〉

本圖描繪一位頭戴珠翠、身穿黑色滾花邊斜襟棉襖棉褲的年輕寡婦，在家門前被愛慕她的男僕拉住求歡。因為身分的懸殊與不便，貴婦轉身欲走，露出了性感的紅繡鞋。男子左手拉住主母的衣襬跪地懇求，又掏出勃起的陽具挑逗守寡的主母，用手指著它說：「妳不可憐我，也要可憐它呀！妳看它都急成這個樣子了。」

主母故作正經，伸出左手指它斥道：「看你這下流胚子！再不放手，我可要叫了！這麼細這麼小的傢伙，也敢拿出來丟人現眼！」門裡的小丫環被這突發的情景嚇呆了，蹲在門後，想笑又不敢笑，忙用手捂住大張的嘴。

本圖的背景與屋宇前庭有些不搭調，畫得像是一片荒郊野外，而不像是人家的庭院塘陂，但

〈豪門淫樂圖冊之二・竹林探幽〉。

是人物線條、面貌表情都畫得細膩生動，草地大樹也畫得一筆不苟，丫環的上衣格紋也一絲不亂地仔細繪出，營造出精麗細緻的感覺。

二、〈竹林探幽〉

俗話說：「烈女最怕歪纏漢」，在無賴長工的死命糾纏下，年輕守寡的主母也不得不含羞忍辱、任人擺佈了。她怕被別人窺見，領著長工來到後院荷池邊太湖石旁的竹林下，脫得只剩件大紅繡金線滾花邊肚兜，坐在鋪墊了繡袍的石凳上，任男僕擎著她的三寸金蓮，把兩腿劈開，要直搗黃龍、一探幽境。女主人手指著男僕的陽具叮囑說：「放慢點，別一下子就捅進來，人家已經很久沒吃了，不習慣。」男僕笑著說：「妳不是還嫌它小嗎？怕什麼？」

背景的池塘、草地和竹林都畫得很仔細，繁瑣到有些匠氣，遠處迴廊則透出西洋建築的風格。

〈豪門淫樂圖冊之三・荷亭消夏〉。

三、〈荷亭消夏〉

把守寡的主母勾引到手後，長工就再也不用辛勤工作了。炎熱的夏天裡，別人都頭頂太陽揮汗勞動，他卻陪著主母在荷亭納涼呢。

他摟著主母坐在懷裡，一邊聳動下體、一邊還把玩著她的三寸金蓮。主母說：「你倒好，三伏天在涼亭裡享樂。」男僕說：「哼！這活可不比下田種地輕鬆呢！照樣把我累出一身汗來。」

此圖之荷花、柳葉都畫得精麗無比，可圈可點，荷葉荷花的清香彷彿可聞。

四、〈蓮池泛舟〉

依舊是三伏炎夏、荷花盛開，女主人帶著情郎來到華麗的畫舫上，坐在船艙裡，與情人交歡。

她一手摟住情郎、一手抓扶著篷柱，任情郎

〈豪門淫樂圖冊之四・蓮池泛舟〉。

跪伏著賣力擺弄。在屋裡尋歡還有些礙人耳目，到後花園蓮池藕花深處，就不必擔心有人偷窺，可以盡情顛狂叫春了。看女主人左手抓著遮篷方柱抵擋來勢的模樣，也可知俯身前衝的僕人有多用力、小船搖晃得有多厲害。

圖中的蓮花迎風搖曳、姿態生動，左邊岸上的老樹盤根虬身，枝榮葉茂，畫得極好，維持畫冊的同一水平。

五、〈紫薇架下〉

女人的情慾是經不起挑逗的，年輕守寡的主母在膽大包天的長工幾番淫嬲後，沉睡的情慾被喚醒了，由矜持被動變得更積極熱情，甚而主動尋歡。

在後花園的涼亭邊，盛開的紫薇花標示著時序來到夏末早秋，沾惹上年輕主母的長工連一個午覺都沒得睡，被偷歡的女主人領到花架下，仰躺在繡毯上，任她爬上身盡情顛狂。男的說：

〈豪門淫樂圖冊之五・紫薇架下〉。

「不是昨晚才玩過嗎？怎麼妳又要了！」女的說：「昨晚你不饒我，把人家折騰成那樣，今天我是來報一箭之仇的，我也不饒你，看你還有多威風。」

六、〈撞破姦情〉

把主僕身分顛覆後的一對男女，情慾變得更肆無忌憚了，只要逮著機會，兩人立刻就寬衣解帶、覓隙尋歡。

這回場景在室內男主人的書房裡，繡榻旁的方桌上擺著文房四寶，桌角的橘子說明季節已入暮秋，戶外太冷，已經不適合野戰了。

男僕把脫得只剩件肚兜的女主人壓在榻邊，欺身猛搗，一邊還要吮吻她的紅唇香舌。女主人斜倚繡墩，仰身承歡，兩腿敞開，雙手緊摟，還按著男僕的屁股，要他用力。

正在凹凸相湊、糾纏不清時，一個足蹬高底鞋的大腳丫環捧茶提壺而來，欲進又止，尷尬萬

〈豪門淫樂圖冊之六・撞破姦情〉。

分。她想此時不能進去，要顧全主母面子；可是想退回廚房，兩腳又不聽使喚，寸步難移；忍不住要在門邊偷聽斜窺屋裡的動靜，忍不住心頭一陣一陣的熱上來。臉頰一陣一陣的紅上來，下體一陣一陣的淫上來。

此圖中捧茶提壺的丫環是畫冊中唯一的天足女子，說明她是來自鄉村的貧窮人家，左上角的紗窗則是西洋進口的時髦設備，和炕頭矮桌上的盆景、床頭牆壁上的掛畫，都烘托出已故男主人的富豪家世。

七、〈春暖開苞〉

臘冬過去了，時序來到早春，案頭的水仙和紅梅，還有一大盆靈芝，點染著過年的吉祥喜慶氣氛。

長工占有了女主人後，儼然已成為一家之主，他得隴望蜀，又看上了來家裡過年作客的女主人的妹妹，要女主人從中撮合。

〈豪門淫樂圖冊之七・春暖開苞〉。

女主人為了討情郎歡心，也只好強壓住吃醋的心理，費盡唇舌說服了待字閨中的妹妹，讓男僕開苞，上演一場姐妹同夫、三人聯床的香豔好戲。

姐姐一手摟著妹妹、一手摟著情郎，硬把兩人送作堆。初嘗雲雨的妹妹有些不慣，怕疼的用手推拒；已然得逞的男僕一邊保持戰果、加緊攻勢，一邊還湊臉去吻姐姐作為答謝。糾纏在一起的手腳身驅看似凌亂，卻細膩的反映出三人各自的微妙心態。因為開苞的少女也纏足，所以知道她不是圖中捧茶的丫環，可以設想成女主人的妹妹。

第五講
清中葉仿明絹本〈洞房春意〉圖冊

中國人有句成語叫「圖文並茂」，原指有著圖畫和詩文相互呼應的畫冊，一頁圖畫，接著一頁題詩，反映出古人能作詩、能寫字（書法）、能繪圖，所謂「詩書畫三絕」的古老傳統——唐朝文人王維，就是個「三絕」的高手。

這種傳統到明朝時還傳承著，晚明萬曆、天啟年間的〈十竹齋書畫譜〉八種、春宮畫冊〈風流絕暢〉、〈花營錦陣〉（大辣出版社有重印本）、〈勝蓬萊〉、〈風月機關〉、〈鴛鴦秘譜〉等等，都是每一圖配一首詩詞，由詩詞解說圖畫，起到「畫龍點睛」、「相得益彰」的作用。

可是到清朝以後，這種「圖文並茂」的傳統漸不流行了，畫冊多半有圖無文，彷彿收藏春冊的人也沒有古人那份文雅了——看不懂題吟的詩詞、也認不全題詩的行草；於是春宮畫冊就成了「為色情而色情」的「粗鄙」玩藝兒，難登大雅之堂。罕見的例外是下面要介紹的這個仿明絹本〈洞房春意〉圖冊。

此冊由荷蘭人費迪南・伯索雷收藏，見載於《春夢遺葉》一書之七十八至八十九頁，原冊共十二幅，該書刊載了其中的十一圖，尺寸為三十乘二十七公分，敷彩繪於絹上。

畫冊中的人物均作明人打扮，男子戴幞巾，不梳清式辮髮；女子梳牡丹頭、簪珠翠，在晚明人的版畫中也多所習見，但是這個畫冊可不可能是晚明時的作品呢？

從人物造型看來，沒有那麼古樸細緻，色澤也比較新，加上其中有一幅題詞說：「明李楚楚謝王穉登詩見『西湖佳話』……」如果是明人的作品，口氣不當如此，所以我把這個冊頁的年代訂在清朝中葉咸豐年間，約當西元一八六〇年左右。

以下按原畫順序逐一介紹這十一幅春畫。

一、〈絳蠟高燒〉

春宵良夜，牡丹盛開，珍惜一刻千金的富豪與愛妾秉燭追歡，兩人在享用過美酒佳餚之後，男子脫得只剩下幞頭皂鞋，坐在一張長條春凳上蓄勢待發；半醉的愛妾也脫光了，只剩下一雙繡花鞋，披一件桃紅綢衫禦寒，她嬌羞地閉上雙眼，任兩個丫環架持著，把雙腿敞開來，在紅燭映照下，私處纖毫不隱地大張著，任良人取樂。在下人面前如此丟醜，不能維持作主母的尊顏和身分，使這幅春畫的視覺刺激備加高漲。配圖的題詞說：

絳蠟夜高燒，紅腮乍暈潮，驀地裡沉醉香醪，小鬟相扶猶未穩，怎禁得辜負良宵。　楊柳小蠻腰，風流羞意描，銀鉤雙起爭歡笑，低喚卿卿休睡醒，幾度風情，著實夢魂消。——調寄〈唐多令〉

二、〈桂子飄香〉

中秋八月，桂子飄香，有了心上人的少婦久久沒有情郎的音訊，午後悶坐在桂花樹下，她思念得百無聊賴，不覺昏昏睡去。那知情人悄然出現了，愛憐的貼近身旁，用一根草莖要逗醒她，給她一個意外的驚喜。配圖的題詞是一首晚明時流行於江南的俗曲〈掛枝兒〉：

桂子飄香，綠天人靜，閉雙睛，怎奈相思成病，驀地有人悄無語，粉靨低垂，多少閒愁恨。　休悶，休悶，佳期遮莫在昏黃，管領春風一陣，珠簾半捲寂無人，休詢問。——題〈掛枝兒〉一闋

清中葉仿明〈洞房春意圖冊之一・絳蠟高燒〉。

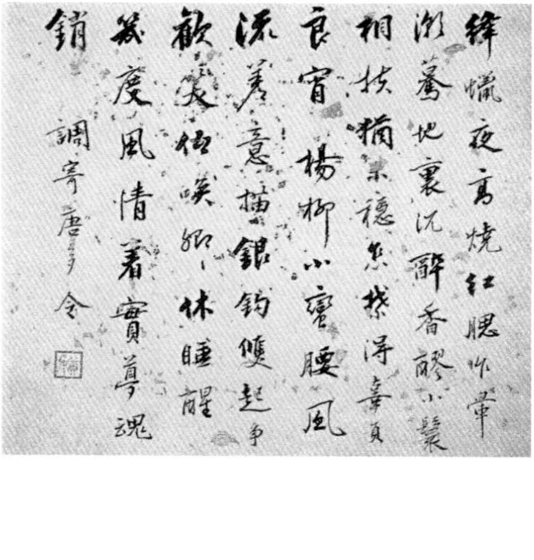

清中葉仿明〈洞房春意圖冊之二・桂子飄香〉。

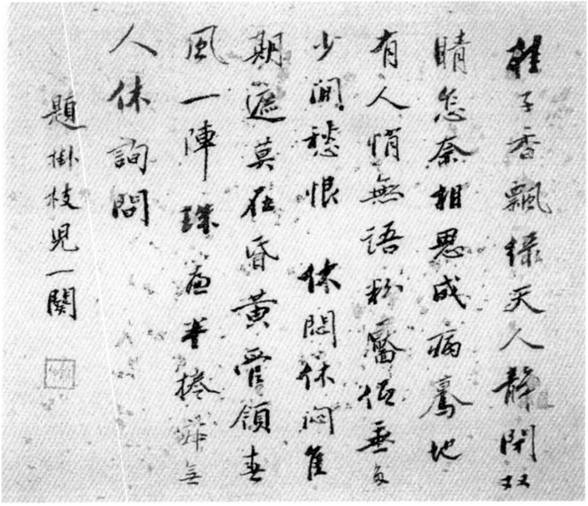

三、〈低掩羅帳〉

豪門貴婦盼來了久無音訊的心上人，少不了一陣嗔罵撒嬌；在吃過晚餐後，兩人迫不及待地到臥房裡逞慾追歡。

在牙床羅帳裡，兩人脫得一絲不掛了，少婦忽然想起了一件事，從羅帳裡伸出藕臂，用羽扇把床前矮榻上的油燈搧滅了。在燈神前做愛是觸犯神明的，有些人迷信這個、忌諱這個，圖畫中的少婦也信。

在隋朝人張鼎的《玉房秘訣》一書中就說：「燃燭未滅而合陰陽，有子必殤，死市中。」你說可怕不可怕？配圖的題詞是一闋〈減字木蘭花〉：

> 低掩輕羅帳，臥深房，消受無窮情況。窗外芭蕉弄雨，手擎羽扇生涼，汗珠兒滴在檀郎身上。　無恙，無恙，今宵風雨任君狂，消多少相思帳，饞多少風流相，夜深寞寂，歡笑到昏黃。——題〈減字木蘭花〉

四、〈綠陰深處〉

依舊是中秋八月，依舊是桂子飄香，少婦閒來無事，到庭院裡站在太湖石上，攀折一枝桂花，打算送給情郎，要給準備參加秋季科舉考試的情郎一個好兆頭，預祝他金榜題名、前程遠大。

少婦正忙著呢，情郎潛蹤而至，撩起她的紅裙，就要上下其手、一探桃源。少婦驚斥道：「你幹什麼？快快放手，人家在忙正事哩！」情郎厚顏笑說：「有什麼比床上那件事更正經、更重要呢！妳看池裡鴛鴦兩兩配對，那才是正事。」配圖的題詠是借明中葉嘉靖年間進士宋賢的一首舊詩，說與畫意頗合；其實除了鴛鴦之外，並不切合畫意：

> 綠陰深處鎖垂楊，螓首佳人澹澹妝，笑問檀郎誰護惜，莫教驚起睡鴛鴦。
>
> 此宋賢詩也，與是冊意頗相合，故題之。

清中葉仿明〈洞房春意圖冊之三．低掩羅帳〉。

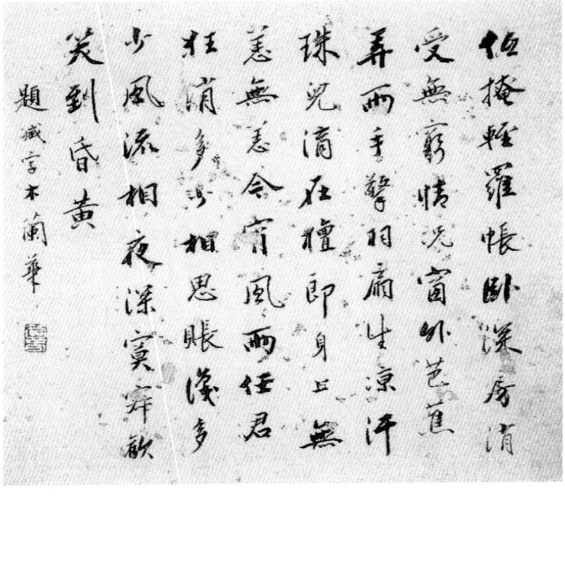

▍清中葉仿明〈洞房春意圖冊之四・綠陰深處〉

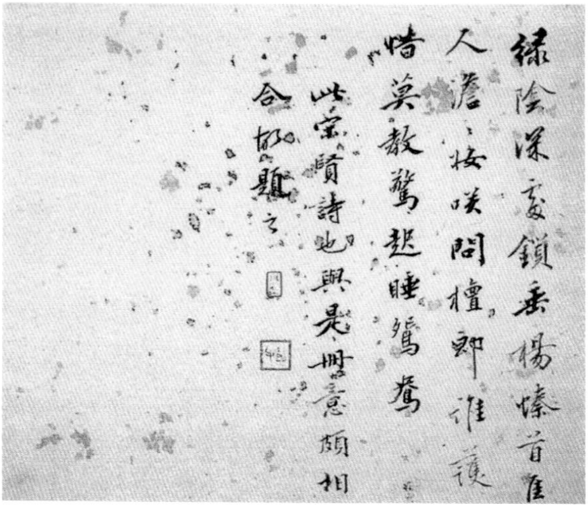

五、〈夢到巫山〉

十月小陽春的晚秋，情郎與少婦在庭院梧桐樹下喝酒尋歡。脫得一絲不掛的男子，戲解下婦人的一隻紅繡鞋，把酒盞放入小鞋中，要喝個香豔的「鞋盃」，一邊直誇少婦纏得好小腳。少婦也動情了，一手摟住情郎、一手就去握持男人的命根子，要他別「狗掀門簾——只是一張嘴」。配圖的題詠引用古代名妓薛素蕙與恩客王晉和定情時，所寫贈的〈花燭詩〉，其實並不相配。

> 夢到巫山十二峰，春深銅鵲鎖重重；香分豆蔻團團樹，都在柔情不語中。
>
> 薛素蕙與王晉和〈花燭詩〉深得雅人之旨，句亦秀麗。

六、〈鸚鵡喚茶〉

男主人坐在書房裡，要鸚鵡大叫「茶來！茶來！」，喚丫環送茶來；其實心懷不軌，要調戲她。丫環端茶進房後，男主人且不喝茶，就動手動腳起來。哪知主母也聽到了鸚鵡叫，猜疑丈夫別有所圖，悄悄走近書房，一看登時大怒，丫環也急了，趕緊要主人放手，深怕一場大禍就要臨頭。此圖配寫的一首〈掛枝鶯〉這樣說道：

> 鸚鵡喚茶來，小丫頭莫浪猜，情懷爭似愁如海，囑咐休獃，兩手丟開，隔窗人見得也，暗中來。須斟酌，若徘徊，險些反被風情害，墮折寶釵，雲鬟半整，悄難挨，吩咐檀郎珍重，好將心事疑猜。——〈掛枝鶯〉一闋

（按：「兩手」與「丟開」間原有一衍字「乍」，故在其右上角點了兩點以示筆誤，今逕去之。）

七、〈情竇初開〉

這是描寫一個情竇初開的少女，在與情郎度過了「揉碎花心」、「領略無數風流滋味」的初夜後，第二天早

清中葉仿明〈洞房春意圖冊之五．夢到巫山〉。

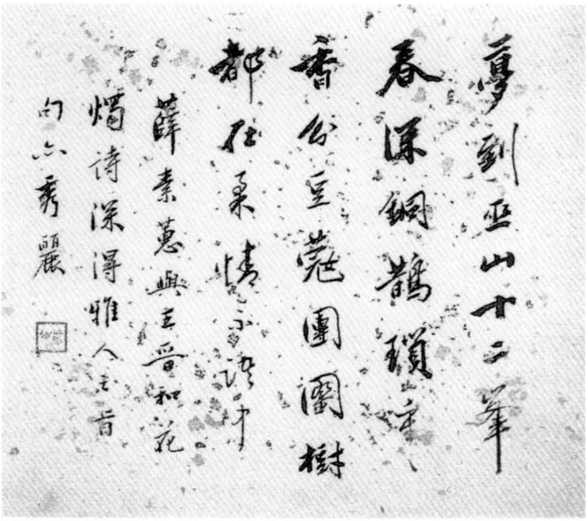

清中葉仿明〈洞房春意圖冊之六・鸚鵡喚茶〉。

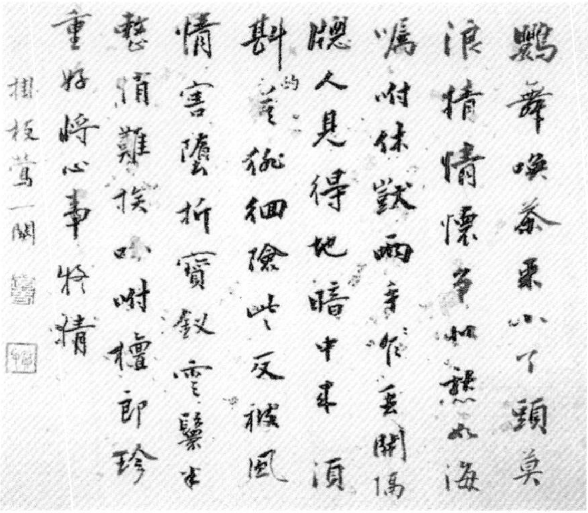

清中葉仿明〈洞房春意圖冊之七・情竇初開〉。

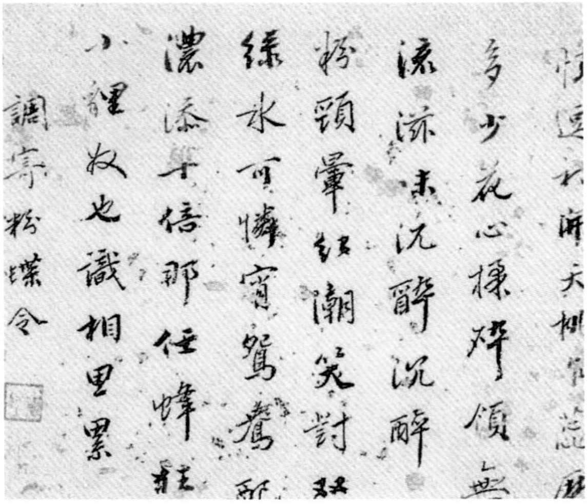

上，情郎要離去時，她捨不得他走，抓住他雙手不放的情景。桌上瓶插的紅蓮說明時當仲夏六月，而明宣德霽紅花瓶則暗示了少女是有錢人家的千金小姐，配圖的〈粉蝶令〉題詞也很細膩傳神地描述了圖畫之旨意：

> 情竇初開，夭桃乍蕊，歷芳叢，多少花心揉碎。領無限風流滋味，沉醉，沉醉。　低垂粉頸暈紅潮，笑對雙眸凝綠水，可憐宵，鴛鴦配，香興濃，添十倍，那任蜂狂與蝶狂，小貍奴也識相思累。——寄〈粉蝶令〉。

八、〈自恨情深〉

一個風流多情的白鬍子老翁，看上獨居在家的年少鄰婦；少婦丈夫出遠門，她帶著幼子守活寡，老翁忍不住偷偷跑到鄰家去偷香。唐突的行逕惹得少婦幼子又哭又鬧，老翁一邊偷歡，一邊手持波浪鼓逗小孩說：「別哭，一會兒帶你去買糖吃。」一聲響驚動了老翁的髮妻，正開門欲出來一探究竟。題詩的前兩句形容老翁，後兩句形容少婦：

> 自恨情深反薄情，薄情終似柳花輕；阿儂也饞風流味，嬌小身軀待怎禁。
>
> 明李楚楚謝王穉登詩，見「西湖佳話」，偶檢是冊，因題一過，其意得毋相類耶。

九、〈靜夜風情〉

迢迢良夜，萬籟俱寂，登徒子悄悄溜到隔避鄰家與少婦幽會。事情才辦到一半，登徒子的老婆一手持燭、一手持著搗衣棒闖進門來捉姦了。男的趕緊穿上衣褲，女的嚇得躲在屏風後，一句話也不敢吭。配圖的題詞〈兩頭忙〉生動地形容這尷尬的情景說：

> 夜靜人無語，鬥風情如許，高燒紅燭，檀板輕舉，嚇散了鴛鴦儔侶。　著衣衿，驚懷同敗縷，萬種相思向誰低敘，只落得掩面含羞，吞聲莫敢語。
>
> 調寄〈兩頭忙〉，宋人詞譜中多押雙韻，填語字前後押之，偶然效顰耳。

清中葉仿明〈洞房春意圖冊之八・自恨情深〉

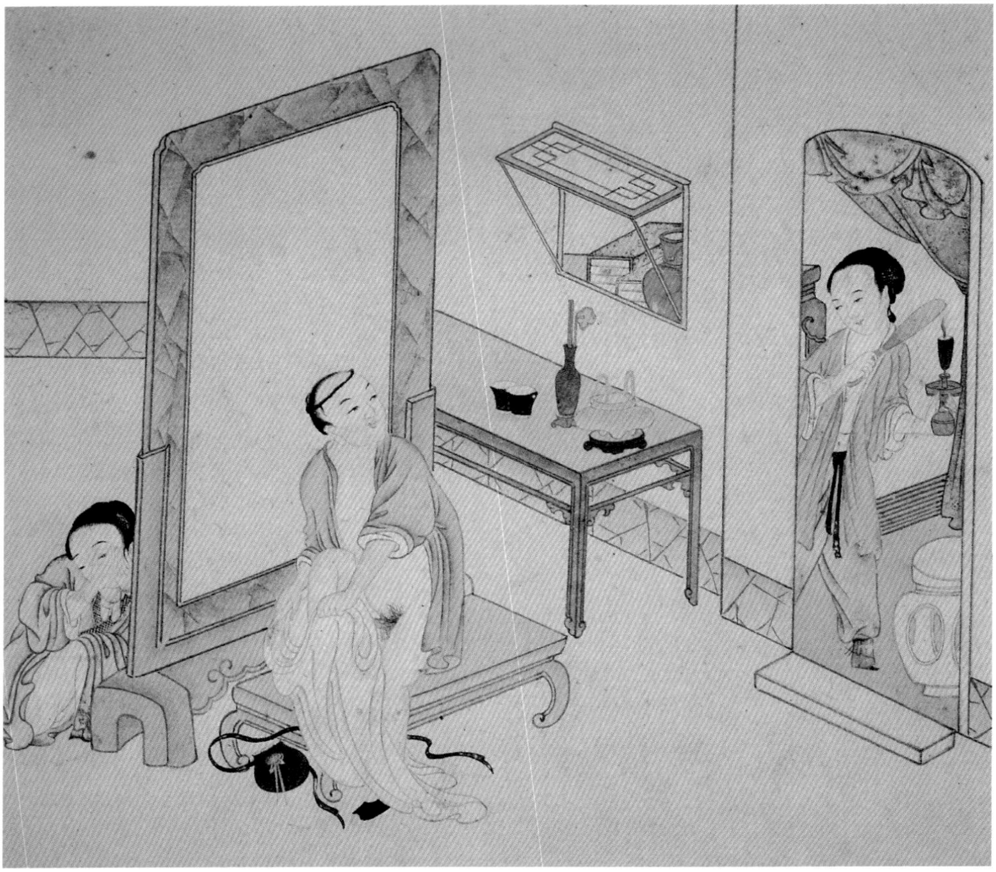

清中葉仿明〈洞房春意圖冊之九・靜夜風情〉。

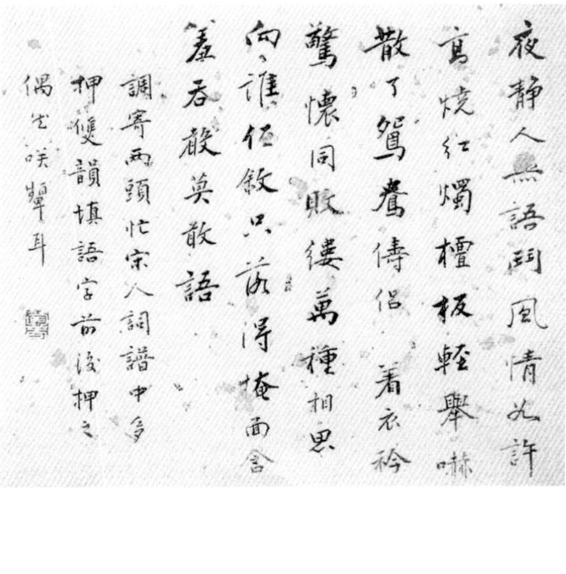

十、〈幾度風流〉

一對相戀已久的情人，在歷經了重重阻礙後，終於有緣在夜深人靜時相見歡了。他們來到一間房子裡，彼此都脫得一絲不掛，女的坐在醉翁椅上，把兩腿擱在原本擱手臂的扶把上；男的站在踏腳板上，高度正好讓那話兒一探桃源，擺好姿勢後，便立刻聳動下身、口含香舌，一償相思債了。題詞〈相見歡〉（「歡」字誤作「灣」字）如下：

> 幾度風流，幾回香汗，幾處相思，幾番感難，嘆桃源深，洞口今宵探。莫漫，莫漫，雞舌含香瓣，鴛鴦交頸看，一雙飽領風情慾海中，了團公案。
>
> ——〈相見歡〉一闋，偶填於繡被溫香館。

十一、〈池邊交頸〉

這幅春畫描繪富家子與愛妾在自家園林水榭中交歡的情景。時為仲夏六月，池裡紅蓮盛開，撲鼻清香隨風飄來，令人心曠神怡。為了不妨礙同時觀賞洞窗外的美景，男子斜倚繡墩，側臉朝外，女子背向男子坐在他身上，兩人就都可以邊做愛、邊賞荷了，這是「素女九法」當中第七式「兔吮毫」的妙用。

配圖的題詩稍嫌不恰，因為「梨花壓海棠」是形容白髮老翁壓著紅顏少女做愛，此圖中的男子頭髮黝黑、年華正茂也。詩云：

> 池邊交頸繡鴛鴦，一樣溫柔一樣香；滿樹梨花頭已白，海棠低壓不勝芳。
>
> 雅宜山人送文待詔納寵詩有「滿樹梨花壓海棠」之句，至今膾炙人口；余仿其意韻之，不免有出語雷同之誚。

（按：「文待詔」指明畫壇四大家之一的文徵明，滿頭白髮的文徵明老來納妾，娶少女以供床笫之歡，摧殘民族幼苗，說明了「男人有錢就變壞」，固不論年紀也。）

▍清中葉仿明〈洞房春意圖冊之十・幾度風流〉。

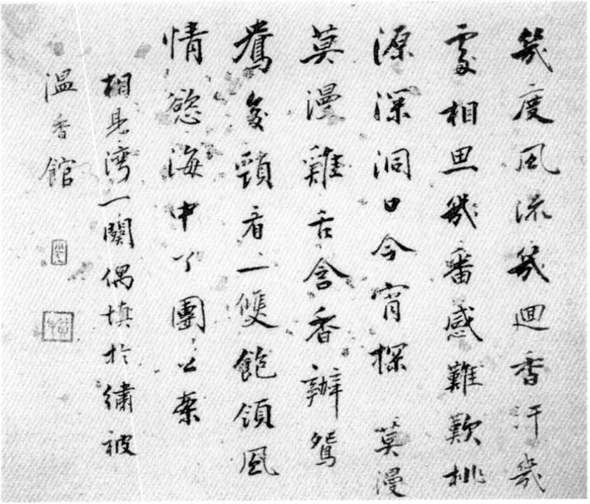

▍清中葉仿明〈洞房春意圖冊之十一・池邊交頸〉。

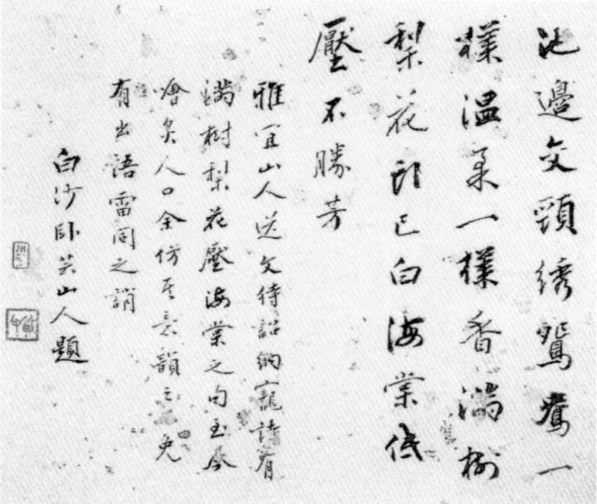

第六講

清咸、同年間〈後宮祕戲圖〉卷

女同性戀在往昔中國是件隱諱的事情，人們很少去討論它，更不用說把這件事記載下來。但是女同性戀的確存在於某些地區，像封建時代陰盛陽衰的皇宮內廷、像明清兩朝時年輕男子流行到海外討生活的閩廣地區。本章所介紹的〈後宮祕戲圖〉卷，就忠實反映了前一種現象。

兩千年帝制時代，皇帝後宮陰盛陽衰，失寵的嬪妃都長年處於性饑渴狀態中。宮女還可以找太監作假夫妻，古時有個專名叫「菜戶」，也就是「吃素的小倆口」；嬪妃多半自持身分，不恥與不男不女的太監勾搭，只好彼此虛鸞假鳳，搞女同性戀的把戲來滿足性慾。

像明朝無遮道人《海陵佚史》上卷，就說金朝海陵王在位時下詔：「凡諸妃位皆以侍女服男子衣冠，號『假廝兒』。」「假

第二圖

第一圖

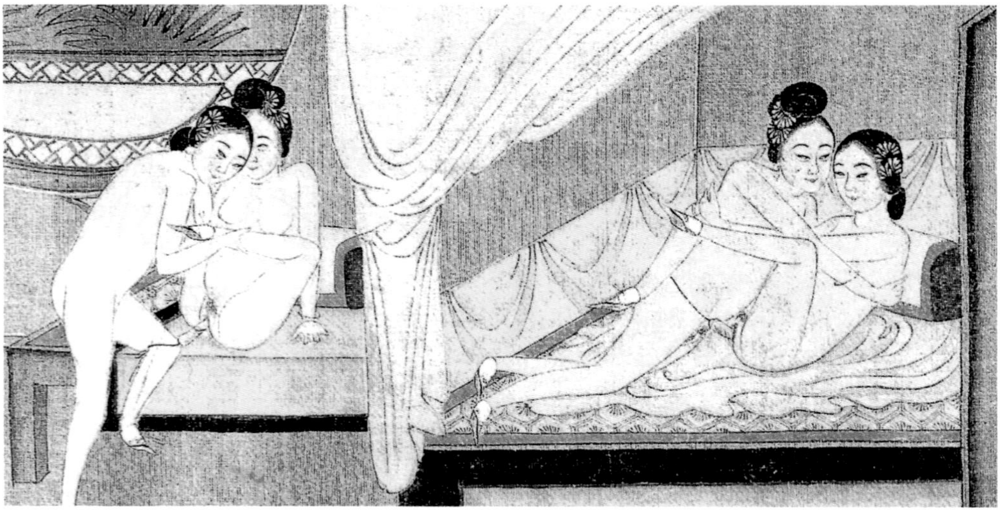

廝兒」就是女扮男裝的假漢子，專門侍候滿足眾多嬪妃的性需要。侍女充當假廝兒陪伴嬪妃就寢時，因為沒有那話兒，就使用假陽具以補其不足。這種情況，在本講所述的〈後宮祕戲圖〉卷裡，恰有細膩的描繪。

清中葉絹本〈後宮祕戲圖〉卷，高十七公分，長一三七公分，共繪有十組嬪妃與女侍藉假陽具做愛的畫面，收藏者為荷蘭人費迪南・伯索雷，見載於《春夢遺葉》一書之一八〇至一八一頁。

畫卷由右往左展開，首先是嬪妃與宮女裸身嬉戲於床榻上，一人腰繫假陽扮男子，俯身摟抱仰躺的另一女子身上，將假陽聳入牝戶中，抽送取樂。被壓在下面的女子背倚方枕，手腳交纏在「假廝兒」的背後，臉上露出滿足的表情；兩人四目對望，深情款款。

第二圖中的兩名女子是在臥房洞窗前的矮榻上，嬪妃全裸靠坐於方枕，屁股挪至榻緣，宮女站在榻前，雙手抬舉嬪妃的三寸金蓮，將牢縛在左膝頭的假陽具頂入嬪妃敞開的牝戶中，這是假陽具使用的新穎招式之一。

第三圖依舊是在洞窗前，嬪妃坐在靠背方椅上，兩腿高舉，「假廝兒」坐在青瓷圓凳上，腰間繫著假陽，她用手舉起嬪妃的

第三圖　第四圖　第五圖

雙足，嬪妃則伸出左手去探索假陽具，將它導入自己饑渴的牝戶裡。

第四圖中的嬪妃坐在大床邊，背椅方枕，手據瓷凳，兩足高舉，放在立於床前的宮女肩頭，宮女正俯首將繫於腰間的假陽具對準嬪妃牝戶，準備往裡面送。

依舊是大床邊，第五圖中的兩名婦人坐在加鋪的青色綢巾上，扮男子的婦人腰繫假陽，把穿著肚兜的女子摟入懷中，用左臂抬起她的右腿，模仿男女坐交的性姿勢。

第六圖中的兩名婦人都穿著衣褲，只褪出下身來，這是本卷中唯一「衣衫整齊」的一對。嬪妃用手扶著青瓷圓凳，俯身翹臀；宮女站在她身後，手持假陽具往裡面捅，玩「狗交」的把戲。

第七圖比較特殊一點，全裸的婦人側身躺臥在鋪了朱紅綢巾的小方榻邊，舉股相湊去吞吃身後繫在另一婦人左腿彎處的假陽具。扮男子的婦人靠坐在長方榻上，右腳跟上還另繫了一個假陽具，同時搖動右腳來滿足自己的情慾，讓兩個女人同時都獲得充實的快感。

靠方榻的左端是另外一對婦女，一人仰躺榻上，背靠方枕，兩手據床；另一人站在榻前，舉起仰躺婦人的雙腿，把繫在自己腰間的假陽具往她私處送入。這是本畫卷的第八圖。

第七圖　第六圖

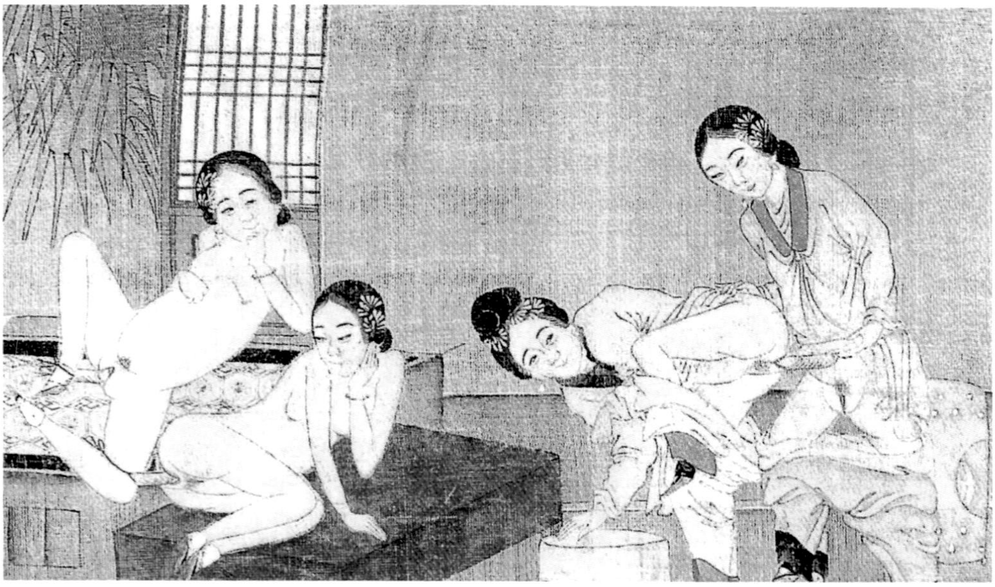

第九圖中的兩位女同志，在室內織花青毯上嬉玩。一人仰躺於兩個方枕上，另一人跪俯在她的身上，把腰間所繫的假陽具搗入她敞開的牝戶中。

第十圖來到戶外，太湖石前鋪著地毯，一名女同志雙手據枕，跪伏抬股；另一同志跪在她身後；以腰間假陽聳入她的私處，扮男子的婦人還伸出右手去撫玩前者的乳房，彼此眉目傳情，正在興不可遏之際。

這個橫卷的繪畫技巧不高，純因題材特殊罕見，而特闢一講略加介紹。

第八圖

第九圖

第十圖

第七講

清同治年間〈青樓夜韻〉圖冊

這一套十二開的〈青樓夜韻〉圖冊，以黑漆為底，繪於木板上，施以金綠五彩，描繪妓院的旖旎風光，在中國春宮畫史上，算是比較罕見的作品，它的尺寸為二十六乘二十七公分，繪製年代約在清同治年間（西元一八六五年左右），收藏者為荷蘭人費迪南‧伯索雷，見載於《春夢遺葉》一書頁一三〇至一四一。

以黑漆為底的春宮十分罕見，因為畫面不討喜，但是用來表現青樓妓院的夜生活，那就再恰當不過了。與黑色最搭配的是白色和金色，用來描寫妓女雪白的肌膚，和妓院金碧輝煌的奢華陳設又十分搶眼，所以在色彩學上，以黑漆為底的〈青樓夜韻〉圖實在極為高明巧妙。

從人物臉部的造形來看，這個冊頁的年代約當清中葉同治初年，它與前面第六講〈後宮祕戲圖〉、後面第八講的〈書齋祕戲圖〉十分逼近，這三件作品的年代也都很接近，約在西元一八六〇年至六五年間。從中國娼妓史的盛衰發展來看，把它訂在清同治初年也是比較恰當的，因為清朝初年嚴禁官吏狎妓，所以康熙、雍正、乾隆時代都跑去狎玩戲子、伶童，一時男同性戀之風大盛。道光皇帝不肖，開始沉迷女色，清朝又承平日久，法令漸弛，到了咸豐、同治年間，娼妓業才開始興盛，也才會出現了反映現實生活的〈青樓夜韻〉圖。

《春夢遺葉》的編著者說，本冊描繪的是北京八大胡同的妓院風光，我以為說它是描繪江南的青樓韻事或許更恰當些。因為清中葉時，中國北京的娼妓業遠不及江南的金陵、蘇州、上海等地昌盛繁榮，圖中多處描繪的架子床，也是江南人習用的寢具；而在大陸北方，因為天冷，人們都是睡土炕的，明人陳大聲〈嘲北地娼妓曲〉中，就曾經形容北方妓院說：「行雲行雨在何方？土炕！那有鴛鴦夜宿銷金帳？」

此外，北京妓院擅長歌曲的妓女較少，一般只注重床上功夫，實事求是；只有江南妓院才講究唱崑曲、彈琵琶，而本冊頁中恰有一圖〈清吟賣藝〉，也是江南妓院作風；再加上若干圖畫中描繪了芭蕉、竹叢，也是典型的江南植物，不適於北方生長，所以我認為〈青樓夜韻〉是描寫江南妓院風光的作品，並不是刻劃北京八大胡同的妓女生涯。

以下按原書順序介紹這十二張作品。

一、〈客來奉茶〉

清中葉時江南妓院規矩：客人初次上門，老鴇呼丫環奉茶，揚聲召喚正閒著的妓女各自從房中走出，讓客人挑選。客人選中某妓女後，其他妓女再各自回房。

此圖畫一官員到妓院狎玩，顯然是識途老馬，直接由丫環領著他到老相好的房間中，而那位妓女閒來無事，正看著春宮冊頁打發時間呢！嫖客在見老相好之前，又向丫環跪求著什麼，似有「不情之請」的苦衷。

二、〈清吟賣藝〉

清中葉時，江南名妓大多色藝雙全，能彈奏琵琶、唱崑曲，以曲藝招徠顧客，把閨房當作「藝術沙龍」，看不起北方那些手不能彈、口不能唱，只能出賣肉體的北地胭脂，因此她們訂定的夜渡資也比較昂貴，上門的多半是談吐文雅、品味較高的王孫公子或達官貴人。

圖中的妓女就正懷抱琵琶、口唱崑曲來款待恩客，坐在她身後的嫖客手持旱煙管，管上繫著紅綢葫蘆形小袋，袋裡盛放著高級的煙絲，一旁的桌上還放著鍍金的水煙管，說明彼時吸煙風氣之盛。

▎〈青樓夜韻圖冊之一・客來奉茶〉。

〈青樓夜韻圖冊之二・清吟賣藝〉。

三、〈燒煙待客〉

傳統中國人只吸食旱煙或水煙，清中葉爆發中英鴉片戰爭，中國戰敗簽訂《南京條約》（道光二十二年，西元一八四二年）後，鴉片開始大量輸入，江南妓院也流行以鴉片煙招待客人。

在同治年間所寫的《蘭芷零香錄》，形容當時這種風氣說：「（嫖客）初入桃源（妓院），茶罷即請作煙雲戲。彼美橫陳，輕舒皓腕，阿芙蓉化為繞指柔，噓氣成雲，四照花（指妓女）正不厭霧中看耳。吸煙之槍華（華麗的）則翡翠玳瑁、素（素雅的）則方竹湘斑。」

此圖中之妓女正持翡翠玳瑁之煙槍為客人燒煙泡，狎客則親暱地擁抱

〈青樓夜韻圖冊之三・燒煙待客〉。

著她，一付色瞇瞇的模樣。

當時人相信吸鴉片能壯陽，如晚清青城居士《脂樓瑣事》一書中有〈妓女留髡詩〉，其「燒煙」說：「橫陳玉體裸無絲，燒得鶯膏（鴉片）勸客吸；如此春宵真易度，翻雲覆雨不知疲。」可以為證。

此圖著墨含蓄，大有醉翁之意不在酒、山雨欲來風滿樓之勢。

四、〈初解羅裙〉

嫖客上妓院不是為了喝茶吸煙、不是為了聽曲唱歌，煙茶歌曲都只是營造氣氛的「前戲」，目的還是為了一親芳澤、一探桃源。於是在聽完崑曲彈唱、吸了一泡鴉片煙之後，就上演了初解羅裙、真箇銷魂的好戲。

本圖中，嫖客把脫光下身的妓

〈青樓夜韻圖冊之四・初解羅裙〉。

女，放在鋪了錦衾的四出頭官帽椅上，讓她的屁股伸到椅面前緣、兩條白嫩的腿兒高高舉起，自己則站在她的胯間，從容地享受著花錢買來的樂趣。

五、〈坐懷大亂〉

或許站久了嫌腿痠，嫖客換坐到一張有斜靠背的醉翁椅上，讓妓女坐到懷中，自己上下套動。

他一方面以逸待勞、一方面還可以伸手去捫弄妓女的乳房，並欣賞她臉上陶醉的表情，窗外有個女子手持羽扇探頭張望，是老鴇在監視妓女有沒有怠慢嫖客嗎？還是另一名雛妓在觀摩應付嫖客的技巧？耐人尋味。

〈青樓夜韻圖冊之五・坐懷大亂〉。

六、〈席地為床〉

當兩人又厭倦了在醉翁椅上的把戲時，嫖客便另闢戰場，改到床前華麗的織毯上交歡。妓女頭靠圓枕、仰天而臥，高翹著雙腿，讓客人俯伏上來，壓著她的肉身尋歡。嫖客一邊聳動著，一邊在妓女耳邊說：「剛才那一泡煙真管用，真來勁兒。」

妓女假裝十分享受、樂不可支，心中卻想：「怎麼還不快點結束？老娘還想接下一個客人呢！」

七、〈鏡底窺春〉

最後，妓女使出撒手鐧，要反客為主，坐到客人身上撒野；只有如此這般，才能速戰速決，誘出嫖客的屣

〈青樓夜韻圖冊之六．席地為床〉。

〈青樓夜韻圖冊之七・鏡底窺春〉。

來。嫖客斜倚繡墩，一邊手持銅鏡，照著妓女的容顏說：「看妳自己有多騷吧！不是我冤枉妳。」妓女故作嬌羞地摟著客人說：「都怪你這麼厲害，真是專門擺布女人的冤家。」

八、〈躬身索脂〉

這似乎是青樓裡另一間閨房中的另一對男女。圖中的妓女臉較圓些，乳房較豐滿下垂些，年紀也較大些，她躺在靠背略矮的玫瑰椅上，與客人交歡，性交姿勢與前面第四圖〈初解羅裙〉相仿，只是男子躬身親吻女子，兩人的互動更親密熱絡一些。

玫瑰椅原稱「鬼子椅」，因為形制比較小，江南人把小一點的東西都叫「鬼子」；流傳到北方後，才改了一個發音近似、比較雅順的名稱。

〈青樓夜韻圖冊之八・躬身索脂〉

它一般靠牆放在窗戶前，椅背不高過窗台、不擋住陽光，造型小巧美觀，很受人們喜愛，在明清兩朝時極為流行，與「日本鬼子」無關。

九、〈私會情郎〉

這是青樓妓院的另一角、另一個故事。一個妓女的情人偷偷溜進了妓院，想與妓女偷歡，妓女怕被鴇母知道了要打罵責罰，堅持不肯。情郎糾纏著，扯脫了她的裙褲，又坦露自己的陽具說：「我倆有多久沒要好了？妳就算不可憐可憐我、也要可憐可憐它呀，妳看，它都憋成這樣了。」

妓女回首對情郎說：「就在這屋裡榻上洩一次火吧，你要把握時間，速戰速決，千萬別讓人發現了。」

〈青樓夜韻圖冊之九・私會情郎〉。

十、〈羅漢床上〉

禁不住情郎的歪纏，妓女領著情郎鑽進臥房裡，在一張羅漢床上倉促「打丁」。她一手抓著情人仰天高昂的命根子，一邊嬌羞地對他說：「怕媽媽知道了會打罵，我用手捋捋，你快快丟了吧。」

情人一手玩弄妓女的乳房，一邊說：「那多沒意思？妳要做好人就做到底，齋僧不飽，不如餓殺。」

羅漢床是三面有圍屏的床，呈長方形，比四柱或六柱有頂可撐起蚊帳的架子床略矮，一般是給客人臨時休息或午睡小憩之用，床前還有踏腳凳，是非常實用的流動性臥具，在明、清時極為流行。

〈青樓夜韻圖冊之十．羅漢床上〉。

十一、〈涼亭交歡〉

這是妓院的另一個故事。圖中的嫖客顯然是個出手闊綽的熟客，到院中給老相好祝賀生日或過年過節，妓家才置酒餚果盤相餉，最少必花銀圓十元以上，甚而達二十元。如果按照一般行情，清中末葉時只要兩、三元，甚而一元就可以和妓女交歡了。

涼亭中的羅漢床上擺放了食几、上置酒菜，但是男子顯然等不及了，要先吃肉，後吃飯。妓女坐在床邊，背倚鼓凳，任嫖客恣意取樂，兩人都脫得精光，真是好興致。在黑色色調的襯托下，人體白色的肌膚更顯得煽情。

〈青樓夜韻圖冊之十一．涼亭交歡〉。

十二、〈雛妓侍寢〉

最後一圖又是另外一個故事。脫得精赤的中年男子是個闊佬，花了大價錢要給妓院的一位清倌人（雛妓）點大蠟燭（開苞）。他坐在圈椅上，悠閒地等待好戲上場，忽然側臉看到一旁的哈巴狗作勢要抓耗子，想到自己就是那條狗、雛妓就是那鼠，不覺淫興勃發，那話兒就翹起來了。

窗外老鴇正領著雛妓要進屋，她指著男子對妓女說：「他就是今晚要梳攏妳的韓老爺，別怕，男人沒啥好怕的；天下只有怕屄的屌，沒有怕屌的屄。」

〈青樓夜韻圖冊之十二・雛妓侍寢〉。

第八講

清同治年間水墨淡彩〈書齋祕戲〉圖冊

陳慶浩博士藏清同治年間〈書齋祕戲圖冊之一・妹在園中〉。

在金楓出版社印行的《祕戲圖大觀》一書中，羅列了陳慶浩博士收藏的八幅水墨淡彩〈書齋祕戲〉圖冊，繪於紙本上，尺寸不詳，年代約在晚清同治年間，即西元一八六五年前後。

這八幅作品以淡墨畫景、淡彩畫人，描繪一個書生與他的妻子在家中卿卿我我、形影不離的恩愛情景。雖然男女性愛姿勢大多抄襲前人，由於色彩淡雅，營造出一種脫俗的韻味，與畫中人物的身分十分相配，在中國春宮畫史上獨樹一幟，十分搶眼，值得在本書中專闢一講加以介紹。

為這個冊頁取名〈書齋祕戲〉是有道理的，因為八幅作品中有七幅都描繪有書桌，桌上擺放著線裝書函和文房四寶。也正因為男主角是個苦讀經書、博取功名的窮書生，所以畫中陳設比較簡樸，也沒有一男二女、妻妾同歡的盛大場面，只單純地描繪一個讀書人與妻子日常的恩愛生活，比較貼近今日一般讀者的生活經歷，因而產生了一份親切感，觀畫時能發出會心的微笑。

明清科舉制度，蒙童在私塾讀書識字後，要先參加自己住居所在的各府、州、縣學校所舉行的入學考試，考取後，稱為「生員」；生員要住校接受老師的指導，研讀四書五經，每十天才放一天「洗澡假」，得以回家與家人團聚。學校裡每三年有兩次考試，名列前茅的若干人稱「秀才」，就有參加科舉考試的資格了，先鄉試考舉人、再會試考進士，金榜題名者，可以派任縣官或入京翰林院供職，名利雙收。

生員考不取秀才，就要一直在學校裡當生員，繼續苦讀，一直參加學校的考試，直到五十歲才可以免試，稱為「老童生」。

由此可知，博取功名的讀書人是不常在家的。偏偏古時男女結婚早，生員一住校，就把嬌妻冷落在家中了，碰到十日一回的「旬休」，說是放「洗澡假」，其實哪裡是回家洗澡而已呢？夫妻小別勝新婚，乾柴烈火的激情好戲就情趣盎然地上演了。以上是〈書齋祕戲〉圖冊的背景簡介。

這八幅作品可以按春夏秋冬四季分成四組，每兩張描述一個情節，以連環畫的方式為我們介紹了一個讀書人一年裡的閨中生活。

圖一〈妹在園中〉、圖二〈竹蔭深處〉屬春景；圖三〈三伏暑天〉、圖四〈書齋擺下〉屬夏景；圖五〈嫁郎要嫁〉、圖六〈日出東方〉屬秋景；圖七〈前山老虎〉、圖八〈僧拜觀音〉屬冬景。以下就依序逐一介紹。

一、〈妹在園中〉

縣學旬休的日子，生員迫不及待地趕回家想跟老婆親熱，嬌妻也早在家中等候了，卻故作沒那回事似的，假裝悠閒地在天井花園裡，欣賞春來展葉的芭蕉。

丈夫性急地脫了褲子就要親熱，妻子還故作淡定地說：「哪有大白天幹這事兒的？也不怕觸犯神明、天打雷劈？」這情景讓人想起一首民謠〈妹在園中〉說：

妹在園中賞芭蕉，
郎欲共枕頻相催；
光天化日就脫褲，
你個冤家為啥不肯等天黑？

二、〈竹蔭深處〉

丈夫在縣學憋了十天，當然等不及到晚上才親熱，三兩下脫光了衣服，又動手去扯老婆的衫裙，然後坐在石椅上，一把拉過老婆坐入懷中，就開始白晝宣淫。假撇清的妻子這才嗯嗯啊啊地配合起來，有一首歌謠〈竹蔭深處〉吟咏此事說：

竹蔭深處肩並肩，
恩愛哪要等天黑？

陳慶浩博士藏清同治年間〈書齋祕戲圖冊之二・竹蔭深處〉。

過往神明全不顧，
脫光了衣服就把那話兒往裡椎。

三、〈三伏暑天〉

學校開始放暑假，丈夫又興沖沖地往家裡趕。他到家時已過了中午，妻子因天熱倦睏，在書房的涼榻上抱著竹篾片編紮的竹夫人午睡、可以穿風透涼；榻底下還盛了一大盆冰塊來消暑。丈夫悄悄回家，看到熟睡的妻子露出一雙誘人的三寸金蓮，忍不住淫心大動，立刻脫光了衣褲，要登榻偷偷給妻子一個意外的驚喜。有一首歌謠〈三伏暑天〉唱得好：

三伏暑天涼榻眠，
佳人倦臥露雙鉤；
情郎哥躡手躡腳來相湊，
滋味要好全在一個「偷」。

四、〈書齋擺下〉

妻子在睡夢中被丈夫吵醒了，又驚又喜地在涼榻上魚水交歡，弄出了一身的風流汗，便在房中準備兩個澡盆，把身子洗乾淨。那知道迷戀三寸金蓮的丈夫，看到她穿著紅綾繡花鞋的小腳，忍不住又捏又玩又想要了。有一首歌謠〈書齋擺下〉吟咏這番光景說：

書齋擺下雙浴盆，
鴛鴦戲水花樣多；
三寸金蓮捏又咬，
獨眼將軍昂頭豎腦連番挑釁惹風波。

五、〈嫁郎要嫁〉

中秋時節，瓜果上市，賢淑的妻子買了幾個圓圓的黃金瓜供在書案上，以預祝月圓人團圓。

丈夫果然放假回來了，夫妻倆登時摟摟抱抱膩在了一

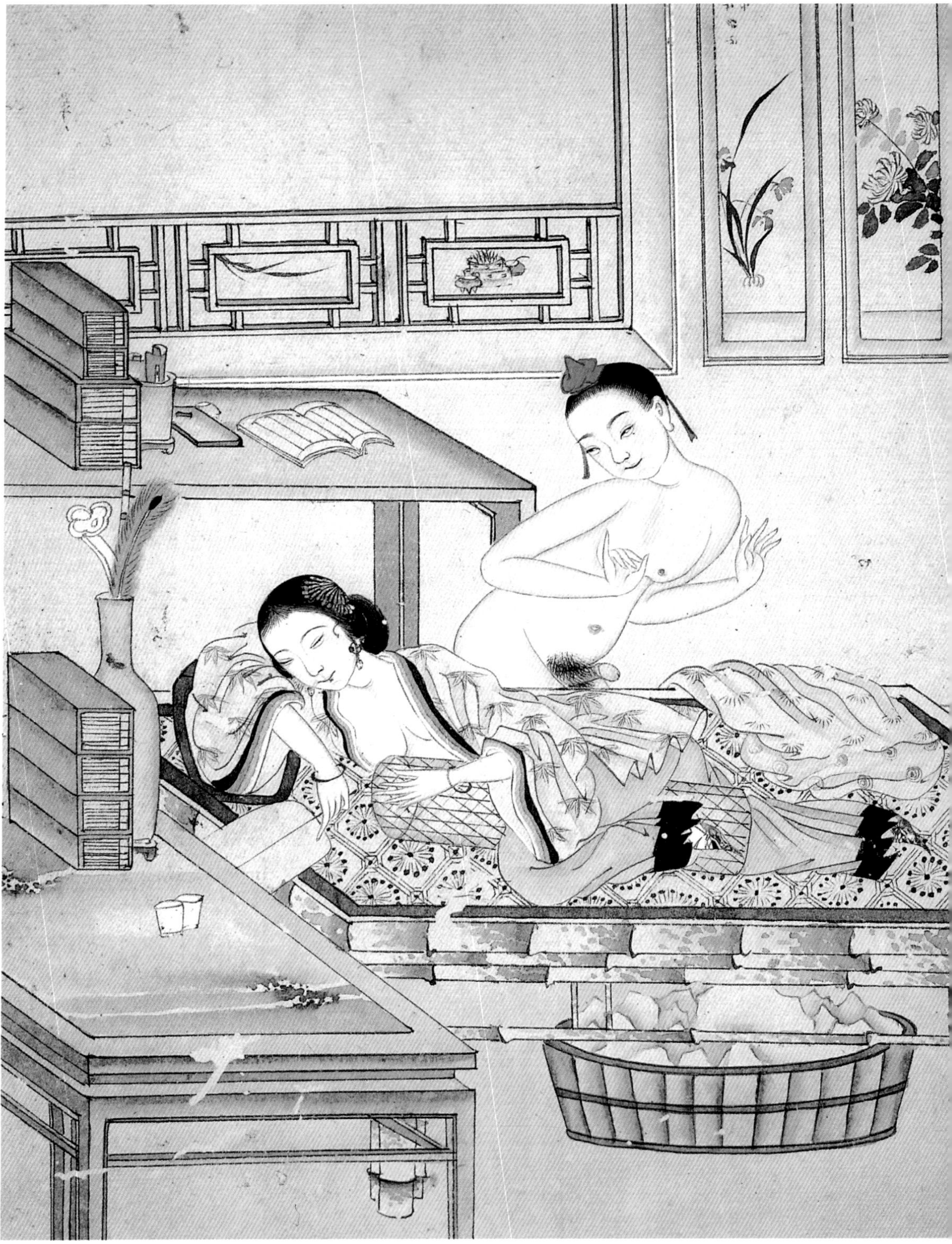

陳慶浩博士藏清同治年間〈書齋祕戲圖冊之三・三伏暑天〉。

陳慶浩博士藏清同治年間〈書齋祕戲圖冊之四・書齋擺下〉。

陳慶浩博士藏清同治年間〈書齋祕戲圖冊之五・嫁郎要嫁」〉。

塊兒。有一首清朝時傳唱的民歌〈嫁郎要嫁〉，形容這位沉浸在幸福快樂中的小女人說：

嫁郎要嫁讀書郎，
白衫好洗褲好漿；
十日半月歸一轉，
舊郎也像新郎樣。

六、〈日出東方〉

第二天一早，丈夫要趕回縣學去住校上課，臨走前，兩人又在靠背椅上依依不捨地纏綿了一次，這才穿回昨晚上床時脫掉的衣褲裙衫。

夫妻恩愛時，丈夫喃喃地對妻子說：「別難過，再過十天我就又回來了，十天一眨眼就到了，到時候我加倍補償妳。」當時一首民歌〈日出東方〉形容小倆口的臨別貪歡說：

日出東方一點紅，
情哥勝過趙子龍；
單槍匹馬來上陣，
殺得嬌妹魂飛魄散一雙小腳高翹半空中。

七、〈前山老虎〉

好不容易又盼來了「旬休」，作丈夫的匆匆自縣學趕回家與妻子團聚，說不完的相思之苦、訴不盡的濃情密意。

摟抱交歡時，妻子癡纏地問：「哥哥想不想妹妹啊？」丈夫說：「想。」

妻子說：「妹妹也好想哥哥喲。」

又指指下面說：「它也好想哥哥。」

丈夫癡纏地說：「讓我看看它有多想。」

就俯首細觀、探指撥弄，發揮讀書人格物致知、喜好鑽研的精神。

底下的好戲不問可知，有一首歌謠〈前山老虎〉說得好：

陳慶浩博士藏清同治年間〈書齋祕戲圖冊之六・日出東方〉。

陳慶浩博士藏清同治年間〈書齋祕戲圖冊之七・前山老虎〉。

前山老虎後有狼，
后生笑笑心裡癢；
弗動手來就動腳，
餓貓獨想鮮魚嘗。

八、〈僧拜觀音〉

小別勝新婚，出門讀書的丈夫趕回家，當然要和闊別的妻子盡情敦倫一番，以慰相思之苦。妻子斜倚靠枕、坐躺在羅漢床上，把屁股探出床沿，任一絲不掛的丈夫站在床前，一手抬起她的腿，一手扶著「和尚頭」就要往裡面頂撞，口中還喃喃地嘲謔自己的那話兒說：

和尚頭，光禿禿，
四季弗肯曬太陽；
今朝請你拜觀音，
我吃肉來你喝湯。

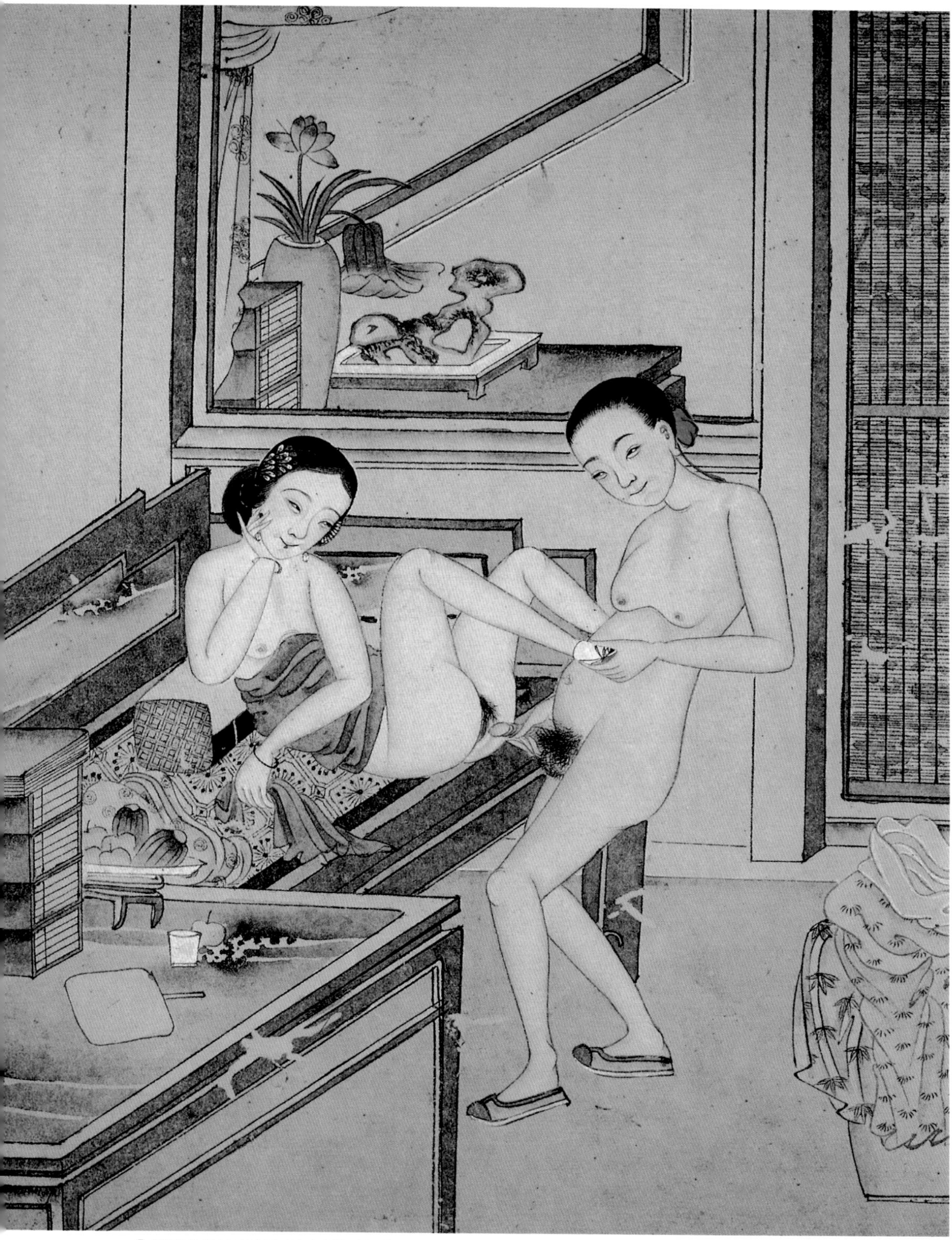

陳慶浩博士藏清同治年間〈書齋祕戲圖冊之八・僧拜觀音〉。

第九講

晚清王府貴族淫亂春宮畫〈嬲戲〉

在一九九九年德國依索法托圖書公司出版的《朋淫》（*Orgies*）一書中，刊載了四幅晚清絹本春宮畫〈嬲戲〉，原春冊幅數不詳、原畫尺寸不詳，從圖中人物造型推測，應該是晚清同治、光緒年間的作品，也就是繪製於一八七〇年至一九〇〇年間。

如果我對圖畫內容的解說無誤，更精確地說，此冊應完成於光緒二十六年（西元一九〇〇年）前後。

從圖畫內容來看，這套春冊無疑是描繪晚清貴族——王爺府中的淫亂故事。

滿清入主中原後，大封宗室為親王，清初「世襲罔替」的有八大親王，到清中葉道光、咸豐年間時，比較著名的有醇親王奕譞、慶親王永璘、肅親王善耆等人，親王和他子女（稱「阿哥」與「格格」）在清朝中葉前，還比較受禮法約束，行為端謹；清中葉以後，像咸豐皇帝沉迷女色、同治皇帝微服狎妓，上行下效，宗室禮法就日漸鬆弛了，出現了種種王府貴族淫亂不法之事。

近人杜如松在〈記肅親王善耆〉一文中說：肅親王善耆在家裡採行放任主義，他的兒女們都放蕩不羈、胡作非為。

善耆有二十一個兒子，以「憲」排行，女兒十餘人，其長女保書舫在當時北京是一個特殊的女人，她越出女子的閨範，行為的荒蕩比一般所謂的男光棍（流氓）還有過之而無不及。

這位格格利用她父親的權勢，勾結南、北衙門（俗稱刑部為「南衙門」，步軍統領衙門為「北衙門」），專事包攬詞訟、介紹捐官鬻爵，她經常與流氓、地痞、土豪、劣紳往來。

善耆的十四女金壁輝，後來送給日本浪人川島速浪作義女，取名川島芳子，成為日本侵華的爪牙，從事間諜活動。

善耆是清朝太宗文皇帝皇太極長子豪格的後裔、滿洲鑲白旗人，生於同治五年（西元一八六六年），卒於民國十一年（西元一九二二年），於光緒二十四年（西元一八九八年）承襲肅親王爵位。

如果這四張〈嬲戲〉描繪的是他自己當阿哥時的私生活情景，那就是西元一八八〇年至一八九五年間，也就是光緒六年至二十一年間的故事；但我以為這四張圖更可能是描繪善耆的子女荒誕淫亂的縱慾生活，因此圖畫的創作年代可能是光緒二十六年（西元一九〇〇年）前後，這時肅親王善耆三十五歲，他的子女大的也在十七、八歲左右了，正當年少輕狂之際。

以下就逐一介紹這四幅北京城肅親王府中的縱慾春宮畫。

一、〈秋千責婢〉

不知道大格格保書舫身邊的一個丫環犯了什麼錯，惹惱了這個大膽潑辣的公主，她將丫環全身脫光了，手腕腳踝用藍布帶綁到一起，放到院裡秋千坐板上，叫另一個丫環在胯間繫一個假陽具，挺坐在秋千前。

頭梳兩板頭假髻、插牡丹菊花為飾、上身穿赭紅旗袍的公主，在另一邊用雙手推送著秋千上受責的丫環，讓她的私處給假陽具撞擊著，作為一種懲罰。

公主斜睨著受罰的丫環，見她臉上露出愉悅的表情，似乎覺得自己弄巧成拙，作了一個愚蠢錯誤的決定。

圖中滿族公主天足、穿高底鞋和布襪，光赤著下身，顯示出她的作風佻達，兩個漢族丫環都纏足，穿素面黑色小鞋，以示身分低微。秋千結構畫得不符合真實情況，與《月——中國古代春宮祕戲圖講》第五講中的那幅晚明殘絹〈桃園秋千〉相比，高下已相去甚遠。

二、〈無賴舔鐺〉

女子替男人口交叫「吹簫」，這是大家都知道的；男子為女子口交叫「吹笙」，知道的人就比較少了。吹笙之外，這種前戲還有舔鐺、舔盤、嘗春、舌耕等等別稱，都各有出處，我打算將來寫一本書，把所有跟性愛有關的名詞都作一彙集詳考，書名叫「性愛辭典」，請拭目以待。

鐺是平底淺鍋，擬喻女陰，本圖描繪大格格與其妹妹把負責管理家中花園的小師傅（稱「花把式」）召來，要他脫光了替主子做份外之工作，家僕也樂得一親芳澤，就跪伏在地上，伸出舌頭來，像條狗似地舔起女主人的「肉鐺」來了。

三、〈旗人之福〉

旗人入關稱王，不用工作謀生，自有朝廷按期發給的俸銀、俸米，和各種恩賜優待，於是人人吃喝玩樂、妻妾成群，把遊戲當工作、把淫樂當正事來打發時間。

此圖描繪肅親王府中的阿哥與兩個漢族纏小腳的丫環，在臥房裡的同樂會。

一絲不掛的阿哥坐在鋪了綢緞的瓷凳上，凳前兩個丫環一俯一仰、頭尾相向，仰者全裸以舌舔俯者陰戶，俯者半裸，以洗衣槌搗弄仰者陰戶，同時替阿哥「吹簫」。

這樣的姿勢在現代日本或歐美的A片中常常見到，其實中國人早在一百多年前就這麼瘋了。

四、〈三陽開泰〉

此圖為阿哥與男僕間的同性戀遊戲。也許是兩個阿哥和一個書僮、也許是兩個書僮和一個阿哥，三人玩起了別開生面的同志遊戲。一人扮零號，穿上女性的肚兜，讓另一人從他身後「採菊花」；扮一號的採菊者一邊還用手幫他「打手槍」，同時替另一名男子「吹簫」，三人玩得不亦樂乎。誰說性愛就一定得有女性來參與呢？

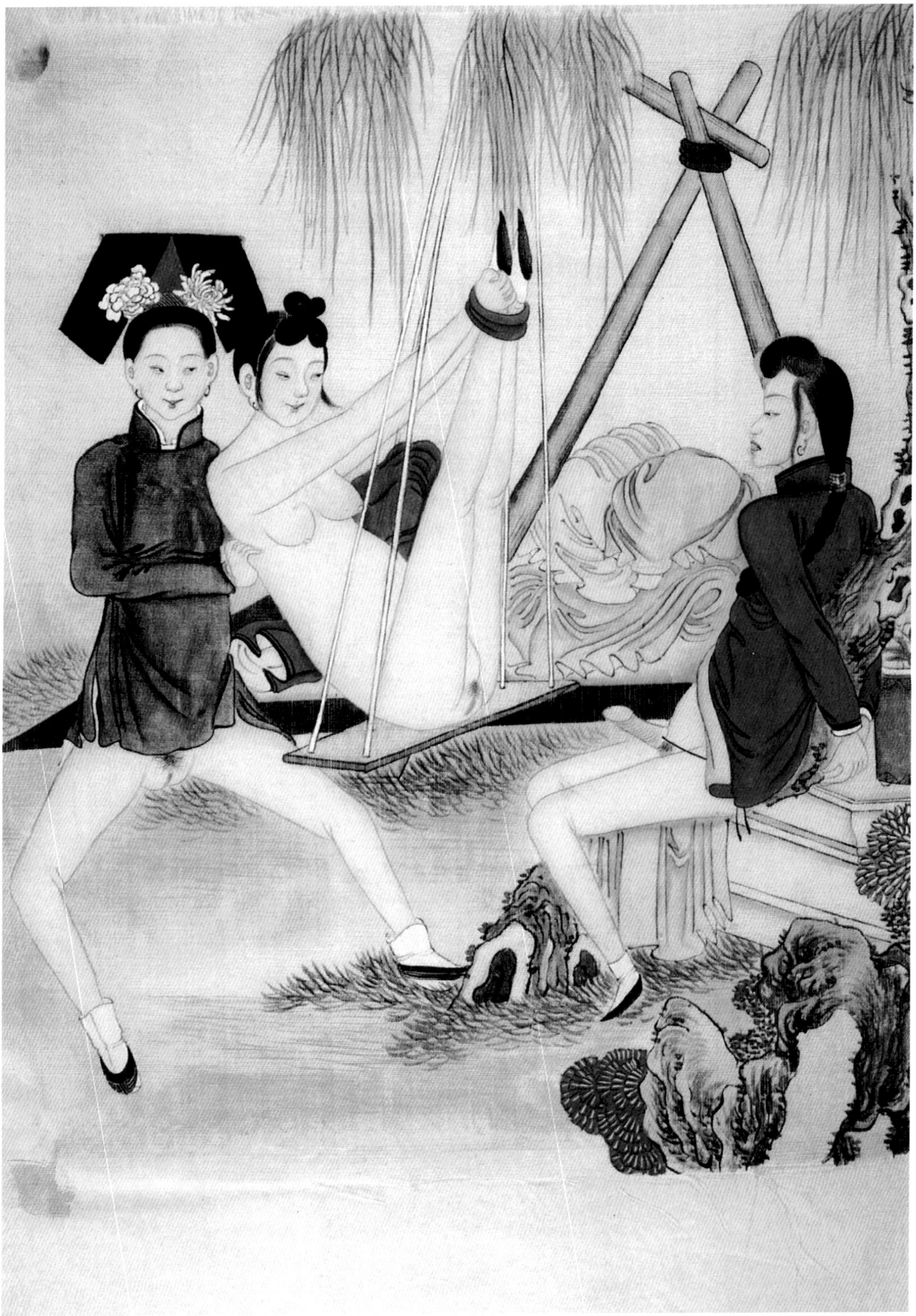

晚清〈嬲戲冊頁之一・秋千責婢〉。

晚清〈嬲戲冊頁之二・無賴舔鐺〉。

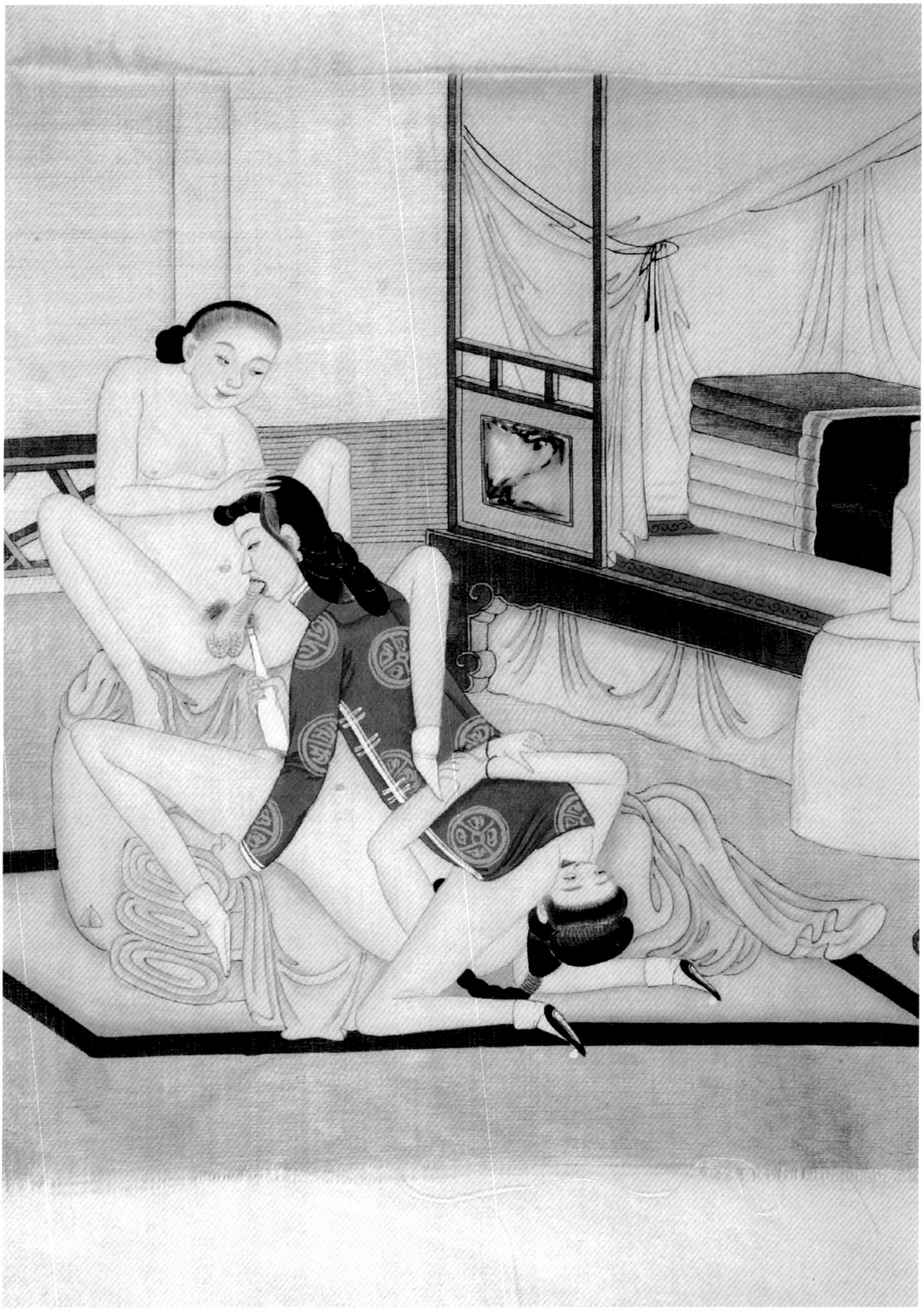

晚清〈嬲戲冊頁之三．旗人之福〉。

晚清〈[illegible]戲冊頁之四・三陽開泰〉。

第十講
晚清光緒年間京劇春畫

清中葉乾隆、嘉慶以後，北京梨園演戲之風漸盛，到了晚清同治年間，因為慈禧太后喜歡聽戲，京劇達到鼎盛時期，許多貴族王府中都建有戲台，以供娛樂之用。像北京地安門外定府大街和珅舊居改建的慶王府，在光緒年間襲任的慶親王奕劻時代，就修建了萬字樓和戲樓，遇上奕劻每年生日或有喜慶事，都要大擺宴席、演戲三天。當時著名的京劇演員如譚鑫培、王瑤卿、陳德霖、楊小樓、王鳳卿等人都到府演唱過。

有些親王或貝勒、貝子還自己組織戲班、購置行頭，聘請京劇教師教戲、粉墨登場票戲。在這種風潮下，不但京劇藝術臻於高峰，也出現了以京劇故事為題材的春宮畫。

有些京劇故事裡，是帶些色情味的，像《宋十回》裡的閻惜姣和張三郎偷情、《翠屏山》裡的潘巧雲和裴如海偷情、《武十回》裡的潘金蓮勾引武松等等。

《清宮遺聞》一書中就說：慈禧太后喜歡看戲，兒媳婦毅皇后（同治皇帝的妻子）常常坐陪，遇到演淫穢之戲時，毅皇后往往害羞地回首面壁不看，看得津津有味的慈禧太后很生氣，以為皇后唱反調是在嘲諷她，開始對毅皇后恨之入骨。由此軼聞可知舞台上也時常上演淫戲的。

在日人福田和彥的《中國春宮畫》一書裡，刊載了十幅絹本著色京劇春宮畫，題作〈唐代王朝風俗畫〉。從繪畫題材研判，它們當然不單是唐朝一朝的故事，而是涵蓋了自商朝以迄宋朝這兩千多年裡的十個著名的歷史故事。

創作此畫冊的春宮畫師並不是研讀史書、從中汲取了這些題材，而是從他們的耳熟能詳的京劇中的歷史劇找靈感，所以我將這十幅春宮定位為「京劇春宮畫」而非「歷史春宮畫」。

從畫中人物造型來看，這套春宮已來到晚清光緒年間，也就絕非福田和彥所說的「十九世紀頃」，而是西元一九〇〇年前後。京劇中的冠服沒有朝代之別，所以這些分別為商朝、周朝、漢朝、唐朝……的皇帝將相后妃宮嬪們，服裝也全都一個樣兒，不能認真對待。

福田和彥看不懂的十幅京劇春宮畫，分別是取材哪一齣戲、描寫什麼故事呢？以下按其時代先後逐一介紹。

一、〈殷紂王寵妲己〉

故事出自京劇《進妲己》，又名《獻妲己》或《反冀州》。

劇情是殷末紂王無道，信佞臣費仲、尤澤讒言，欲強娶冀州侯蘇護之女妲己。蘇護不允，幾乎被斬，乃題詩於宮門而去。紂王大怒，派兵討伐冀州，終獲妲己為寵妃，從此沉迷女色，終至亡國。

此圖描繪紂王笑瞇瞇地與妲己坐在獸榻上交歡，以獸榻暗示上古；洞窗外的忠臣梅柏、商容等人見狀，無不咬牙切齒、憂心忡忡。後來梅柏進諫，被紂王以炮烙之刑處死；宰相商容撞死金殿，以屍諫紂王，但是仍無法挽救將亡之商朝。西元前一〇四六年一月二十日，周武王率兵攻陷朝歌，雙方拼殺激烈，血流漂杵，紂王自焚殉國，商王。

二、〈周幽王寵褒姒〉

這張畫描繪周幽王與寵妃褒姒在矮榻上交歡的情景，榻旁站著褒姒的侍婢，手持紅色「淫幬」，以備事後「清理戰場」之用。故事出自京劇《烽火台》，一名「褒姒」。

劇情說西周末年幽王無道，攻打褒國，褒人進獻美女褒姒以贖罪，幽王一見鍾情，大加寵幸。

褒姒不喜歡笑，周幽王想討好褒姒而不得法。他廢皇后及太子、改立褒姒為后，褒姒仍然不笑。大臣虢公獻

晚清京劇春畫〈殷紂王寵妲己〉。

晚清京劇春畫〈周幽王寵褒姒〉。

▍晚清楊柳青木刻版畫〈幽王寵褒姒〉。

計，燃長城烽火，使諸侯誤以為京城有警、狄戎來侵，紛紛率軍救駕。褒姒見諸侯空勞往返、士兵車馬勞頓、灰頭土臉，果然大笑。後來太子投奔母后娘家申國，舅父申侯召犬戎入侵，幽王再舉烽火，諸侯以為玩笑，不來勤王，幽王竟被犬戎殺死，西周滅王。

晚清河北省天津楊柳青年畫中，有一幅〈幽王寵褒姒〉可以參看；可見除了京劇之外，老百姓（包括畫師）透過年畫，對這個故事也是十分熟悉的。

三、〈齊莊公戲崔杼妻〉

這幅春畫描繪的是京劇《海潮珠》裡的故事，又名《崔子弒君》、《避塵帕》。說春秋時齊莊公田光無道，有人妻癖，私通大夫崔杼之妻棠姜，棠姜以家藏之海潮珠贈莊公。崔杼知道後，假裝生病不朝；莊公以探病為名，又去崔杼家會見棠姜，並商議如何毒死崔杼。結果齊莊公被崔杼以伏兵殺死，並追殺棠姜。這齣京劇以花旦飾棠姜，有色情表演，是十分著名的煽情戲。

晚清天津楊柳青年畫中，也有同一題材的〈齊莊王戲棠姜〉可以參看，畫中門外站立頭戴幞巾、留著長鬚的男子，正是屋裡床上與姦夫行淫婦人的丈夫崔杼。

在本冊頁中，齊莊公雙手握著棠姜一雙小腳，正與情婦在床榻前雲雨，不知門外伏兵已手持利劍，要進來弒殺霸佔臣妻的淫君了。

而楊柳青年畫〈齊莊王戲棠姜〉中，莊公與棠姜互摟跪交於床上，棠姜的丈夫崔杼在門外窺視，楊柳青年畫所表現的戲劇張力，不如日人收藏的這幅京劇春畫。

四、〈秦王戲呂不韋姬〉

這張春畫描繪呂不韋把懷孕的愛姬送給秦公子、後來生下秦始皇的故事。出自哪一齣京劇，我沒有考證出來，京劇中有哪一齣戲演述呂不韋的故事，有待高明之士指點。這張春畫描繪呂不韋把懷孕的愛姬送給秦公子、後來生下秦始皇的故事。出自哪一齣京劇，我沒有考證出來，後來經好有沈玫告知，原來出自七十一折大戲《竊兵符》的第四折。

故事說戰國末年陽翟大賈呂不韋，偶遇在趙國作人質

▍晚清京劇春畫〈齊莊公戲崔杼妻〉。

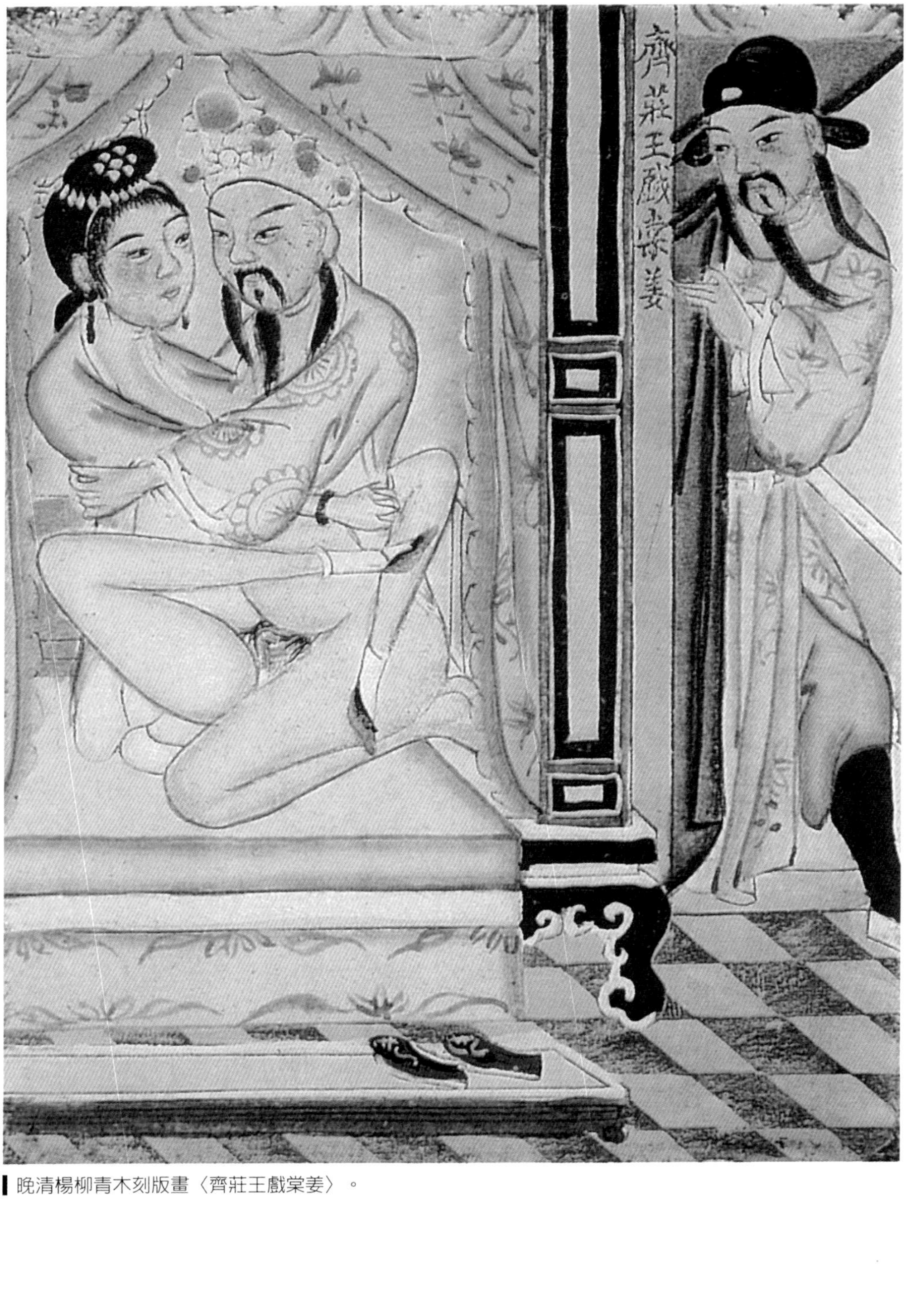

晚清楊柳青木刻版畫〈齊莊王戲棠姜〉。

晚清京劇春畫〈秦王戲呂不韋姬〉。

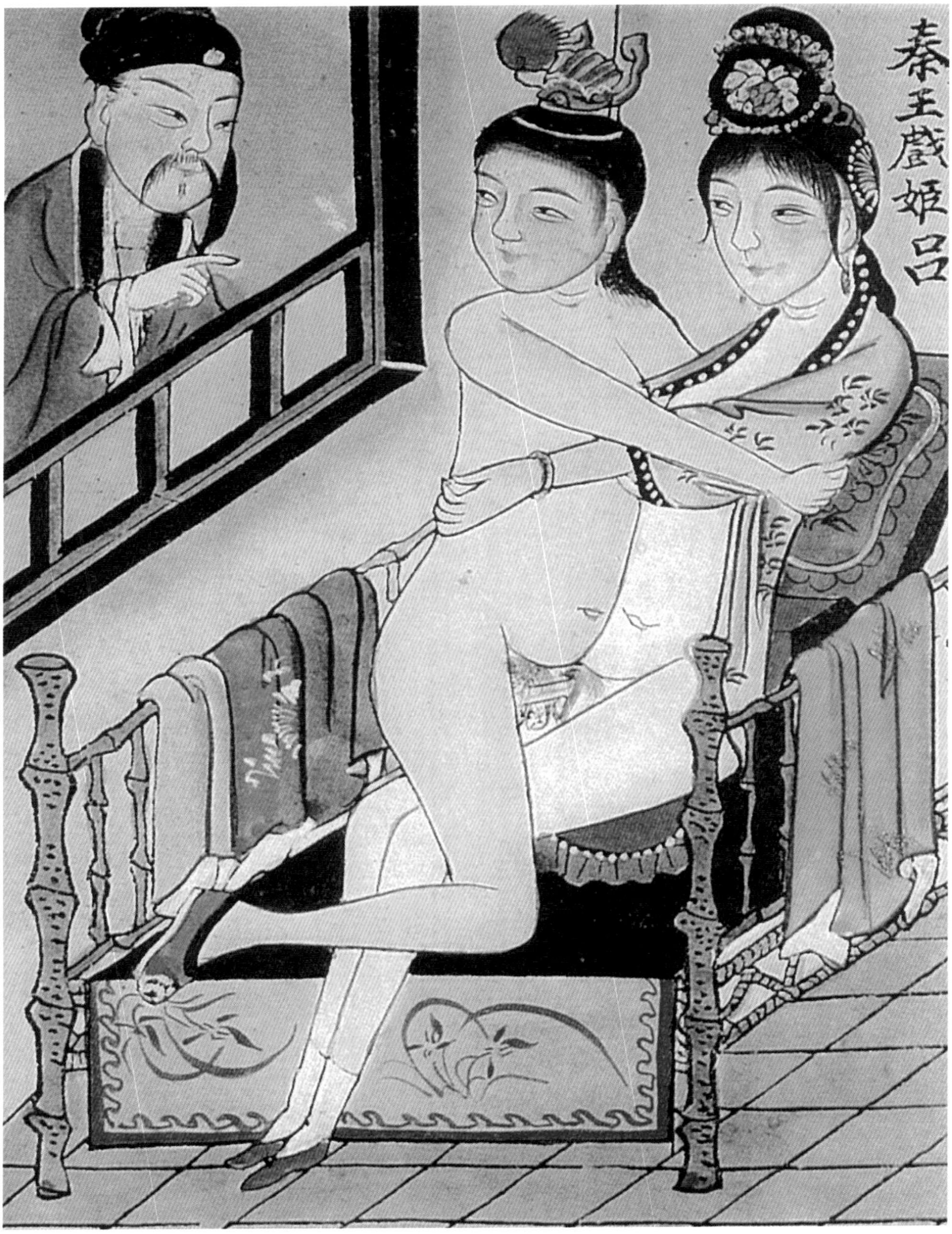

▍晚清楊柳青木刻版畫〈秦王戲姬呂〉。

的秦公子嬴異人，就在他身上投資，把剛懷孕的愛姬（史稱「趙姬」）送給秦公子，後來秦公子嬴異人回國成秦莊襄王，卻只當了三年國君就駕崩了，讓十三歲的太子嬴政即位，成為後來的秦始皇，始皇真正的父親呂不韋則當上了宰相。

本圖描繪秦公子嬴異人在床榻上與懷了身孕、小腹微隆而以繡花紅肚兜遮掩的趙姬交歡，屏風外頭站著趙姬的丈夫呂不韋，正捋鬚盤算著有朝一日秦公子回國當秦王，那他名義上的兒子就有機會繼位，自己就能成為真正的「太上皇」了，這個秦公子真是「奇貨可居」啊！

在晚清天津楊柳青年畫中，也恰有一幅〈秦王戲姬呂〉（當作「呂姬」），描繪著同樣的故事，劇情卻進行得比較靠後些，說秦公子嬴異人與趙姬交歡後，老謀深算的呂不韋故意在窗外「撞破奸情」，就大方地把愛姬當場送給羞愧不已的秦公子，好讓他永遠感恩圖報。

五、〈西楚霸王遇虞姬〉

這幅畫描繪的是京劇《玉麟符》、一名《霸王遇虞姬》。劇情說秦朝末年，項羽與劉邦等人起兵滅秦，項羽力大無比，曾在塗山舉鼎，又遇虞子期，與他爭鹿；虞子期父親虞宣為兩人排解糾紛，又教女兒虞姬（虞五鳳）與項羽比劍訂婚，虞姬就成為項羽最寵愛的女人，隨西楚霸王項羽四處征戰。後來項羽兵敗被圍垓下，虞姬自刎殉情。

本圖描繪項羽與虞姬在楚軍元帥帳中全裸交歡的情景，項羽身後還有另一姬妾推背助興；軍營外戰馬環列，一付肅殺之氣。「霸王遇姬」、「霸王別姬」的故事大家都太熟悉了，於是便有這幅「想當然爾」的春畫出現。古代中國人迷信軍營中有女人，一定打敗仗；項羽征戰攜虞姬相隨，劉邦不要呂雉，在軍中找男童洩慾，不知這點差別是否也是後來劉邦戰勝項羽的原因之一。

六、〈呂布戲貂蟬〉

東漢末年，大軍閥董卓專權，又仗義子呂布驍勇善戰，根本不把漢獻帝放在眼裡，為所欲為。司徒王允忠心愛國、憂煩不已，就與憂國的歌姬貂蟬共商連環計，以離間董卓、呂布父子。

晚清京劇春畫〈西楚霸王遇虞姬〉。

晚清京劇春畫〈呂布戲貂蟬〉。

王允先將美麗的貂蟬收為自己的女兒，答應呂布要將貂蟬嫁給他，後來卻又把貂蟬獻給了董卓，來製造父子兩人之間的矛盾。

董卓既納貂蟬，呂布就無法見到心愛的「未婚妻」了。一天，他趁董卓早朝，偷偷跑去找貂蟬，貂蟬正在梳妝，故意作悲嘆狀，表明身不由己的苦衷，兩人在鳳儀亭私會時，董卓回府撞見，大怒不已，持呂布之戟追擲，從此父子反目。

此圖描繪年輕英俊的呂布與妖嬈美麗的貂蟬，在鳳儀亭雲雨交歡、董卓在外窺見大怒之情景。本圖與第四圖〈秦王戲呂姬〉相似，都是一女子與年輕男子交歡，旁有中年男子窺見，但是一人生氣、一人沉思，所以知道沉思的是呂不韋，而生氣的是董卓。

這齣京劇就叫《鳳儀亭》，一名《梳妝擲戟》，除京劇外，徽劇、豫劇、粵劇、漢劇、秦腔、川劇、河北梆子、同州梆子都有此一劇目，可見流傳之廣。

七、〈隋煬帝下江南〉

本圖很容易辨認，看到畫中一個頭戴平天冠、作皇帝打扮的男子，在華麗的畫舫中與美女交歡，準是隋煬帝乘龍舟下江南途中的故事。

京劇中有《晉陽宮》，劇情是隋煬帝下揚州，命李淵於晉陽建造離宮，限一個月造成云云，主題在於「李淵謀反」，而非煬帝在江南的風流勾當。

明朝齊東野人的《隋煬帝豔史》或清朝褚人穫的《隋唐演義》，說得比較詳盡些。

隋煬帝在大業元年（西元六〇五年）開通大運河，坐船由東都洛陽到繁華的江都（今揚州）遊玩。大業四年、大業十二年又兩次坐龍船下江南，最後一次南巡後就沒有北返，最後死於江南。

圖中龍舟內與煬帝交歡的美女可能是蕭后，這個美麗的女人後來連英明的唐太宗都為她著迷不已。龍舟艙前有兩位宮女吹簫、笛助興，以示排場盛大，舟前盛開的紅蓮則表示御駕已經來到繁華美麗的江南了。

晚清京劇春畫〈隋煬帝下江南〉。

「隋煬帝龍舟巡幸」的題材，我另外還見過不止一幅的春畫，年代均比此幅略早些。

八、〈武則天與張氏兄弟〉

唐朝女主武則天於西元六九〇年建立周朝，自稱皇帝，一共在位十五年。

男皇帝有嬪妃三千，女皇帝當然也要照樣，西元六九〇年，武則天在宮中設立一個名叫「控鶴監」的機構，裡面養了大批的男妾，男妾們的官名叫「內供奉」，就是在臥室內侍奉女主、供奉那話兒給女皇之意。

其中，以年輕俊美、性具偉岸的張易之、張昌宗兄弟最受武則天的親幸。清人袁枚《續子不語》卷五〈控鶴監秘記二則〉中，有極為香豔的描述說：「鳳閣侍郎張九成……其從子（姪兒）昌宗（人稱六郎）年近弱冠（二十歲），玉貌雪膚，眉目如畫，……后（武則天）口含易之（昌宗哥哥，人稱「五郎」），而以下體受昌宗，情尤酣豔……」

這幅春宮就是描繪武則天「口含易之而以下體受昌宗」的酣豔場面，後方兩裸女應該是武后的貼身宮婢。

京劇有一齣《端午門》，說武則天為帝，寵信佞臣張昌宗，封為妃嬪，令其著女裝出入宮廷。宰相狄仁傑上朝，在端午門見張昌宗身穿女裝，大怒，欲下令斬之，宮監急報武則天，傳旨赦免昌宗，狄仁傑才改為棍責。

張昌宗向武后哭訴，武氏告訴他以後看到狄仁傑就躲得遠遠的，別再觸犯這個剛正的宰相。本圖應當是這齣京劇的浪漫演繹。

九、〈唐明皇寵幸楊貴妃〉

唐明皇（玄宗）、楊貴妃這段公公和兒媳婦亂倫的戀史，是古今中外眾人皆知的故事。京劇《太真外傳》就演述唐朝蜀司戶楊玄琏女楊玉環，先為壽王妃，不久又被玄宗冊封為貴妃，寵冠後宮，姊妹兄帝皆受封爵，賜浴華清池，敕外省進貢荔枝，兩人於七夕在長生殿共誓，願世世為夫婦。後因安祿山造反，玄宗奔逃入蜀，行至馬嵬驛，因六軍鼓噪不前，玉環以禍國罪名被賜死。

除了京劇，崑腔、高腔、川劇都有《長生殿》，細膩

晚清京劇春畫〈武則天與張氏兄弟〉。

▌晚清京劇春畫〈唐明皇寵幸楊貴妃〉。

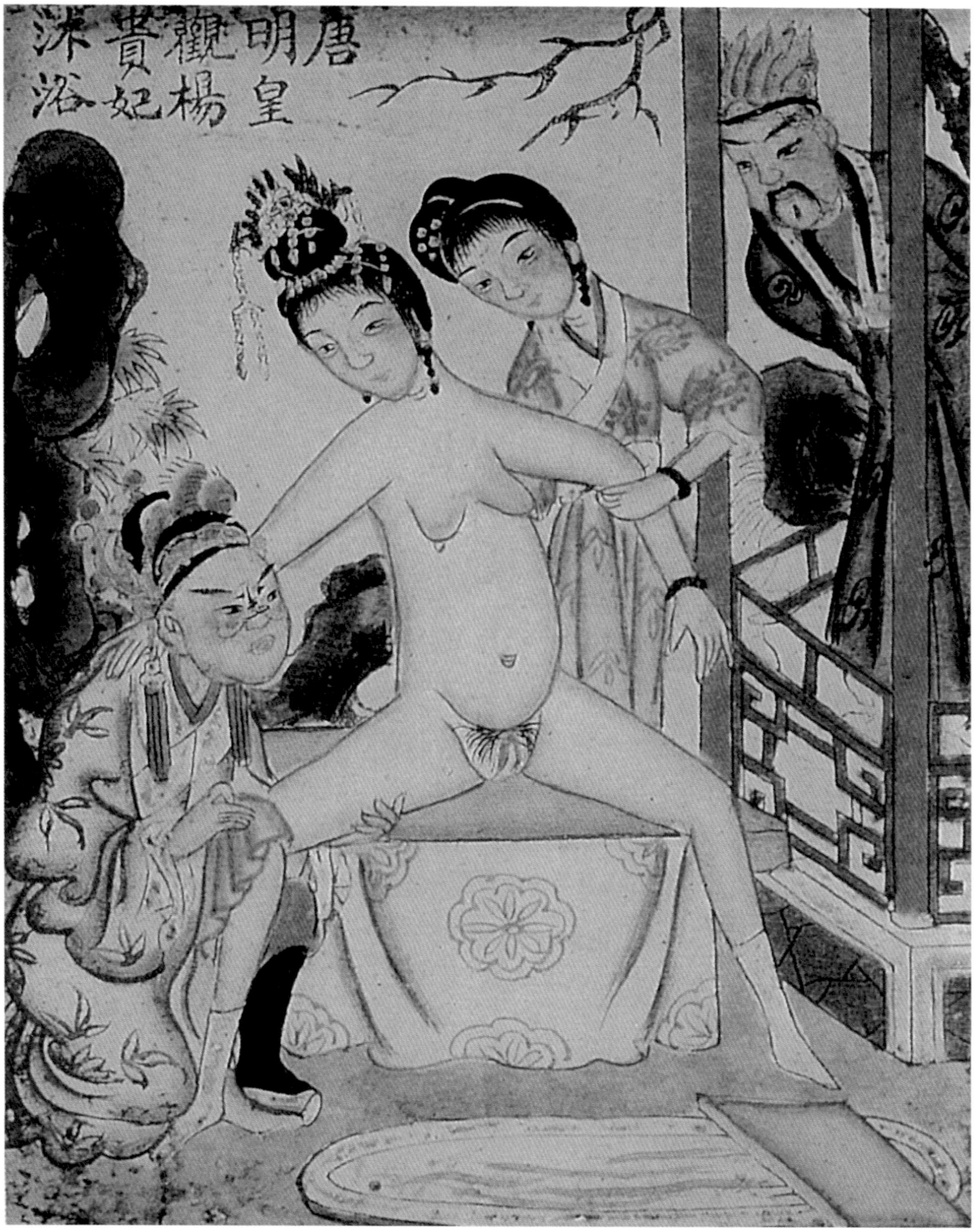

▍晚清楊柳青木刻版畫〈唐明皇觀楊貴妃沐浴〉。

地演繹兩人這段愛情。

可是唐明皇究竟怎樣地寵幸楊貴妃呢？唐朝詩人白居易在《長生殿》裡只說：「春寒賜浴華清池，溫泉水滑洗凝脂；侍兒扶起嬌無力，始是新承恩澤時。雲鬢花顏金步搖，芙蓉帳暖度春宵；春宵苦短日高起，從此君王不早朝。」一虛寫八句就一筆帶過，讓讀者自己去想像。

這套京劇春宮畫裡的〈唐明皇寵幸楊貴妃〉，可就具體得多了。原來膚如凝脂的楊玉環是全身脫光，只披了件半透明的薄紗禦寒，坐在宮殿中的癭木靠背椅上；唐明皇也脫光了，只披一件龍袍，站在椅子前面，扛起了兒媳婦的兩腿，就把那話兒往裡頭撞。旁邊還站了四名宮婢，有的提著披風、有的捧著茶壺（性愛之後容易口渴）、有的托著杯盞、手持巾帕（事後拭穢之用），真熱鬧。右下角畫了個大澡盆，就象徵性地表達了「春寒賜浴華清池」之意了。

十、〈宋太祖納花蕊夫人〉

京劇有一齣《花蕊夫人》，一名《張仙圖》，說蜀主孟昶寵信慧妃徐氏，封為花蕊夫人。孟昶荒淫，信用奸佞王昭遠，且命趙彥韜通好北漢，約同伐宋。

宋太祖趙匡胤遣王全斌征蜀，孟昶兵敗投降，偕夫人入京受封為侯；趙匡胤垂涎花蕊夫人美色，孟昶在賜宴時被毒死，太祖隨即納花蕊夫人為妃。

花蕊夫人思念丈夫，畫其像日夜祭拜，騙宋太祖畫中人物是蜀國送子神張仙。後來在一次打獵中，花蕊夫人伺機要箭射太祖為亡夫報仇，趙匡胤弟弟趙光義先發制人，一箭射死花蕊夫人，夫人臨終前痛斥趙匡胤，含恨而死。

春冊此圖畫宋太祖在羅漢床上，以後進位初次臨幸花蕊夫人，夫人一身事二夫，心懷羞愧，以手遮面。一旁的宮女面露凝眉不忍之色，說明宋太祖在強幸花蕊夫人時，因為性具過大、動作粗蠻，令她發出痛苦的呻吟，才引起了她們的同情心。

這張春畫的情節也可以解讀為「宋太宗納小周后」，宋人還曾畫有〈熙陵幸小周后圖〉，「熙陵」即宋太宗趙光義，小周后即南唐李後主之皇后，但是京劇中沒有這齣戲，所以我仍解讀為〈宋太祖納花蕊夫人〉。

▍晚清京劇春畫〈宋太祖納花蕊夫人〉。

第十一講 民初上海的〈風花雪月圖〉

這套春宮畫共有十二幅，用淡雅的彩色繪於絹上，尺寸是十九乘二十三公分，描繪民國初年上海的風花雪月、情慾百態，見載於《春夢遺葉》一書頁一九〇至一九七，收藏者為荷蘭人費迪南・伯索雷。

這套春畫有許多特色，與前面所介紹的二十三件春畫作品都不相同，很值得我們注意。

首先，描繪風格呈現出強烈的真實感，像是對真實人物的攝影寫真圖，而不是古代那種憑想像或靠臨摹畫冊所完成的作品。

因為是寫實的，所以肌膚可以有明暗顯立體、家具可以考證其源、性姿勢可以頻出新意（如第二圖、第七圖、第八圖、第九圖和第十一圖，都是以前春畫所未見），連男女下體的陰毛都畫得特別寫實、栩栩如生（與從前的眾多春畫對照，就可以看出畫家的用心與技法的高明）。

其次，它是描繪上海的風花雪月。上海在清道光二十二年（西元一八四二年）中英南京條約中，開放為通商口岸，允許英國人自由居住貿易，得風氣之先，許多舶來貨都最先出現在上海；像第四圖中的綠色彈簧墊洋床，第八圖中的淺灰色沙發躺椅，第一圖中的褐色蕾絲滾邊長裙、高跟鞋、男士的西裝、領帶、皮鞋、手杖和寬邊圓禮帽，第九圖中的新潮淡紫色歪垂帽，第三圖、第七圖、第八圖中的男子洋襪等等，都充滿了上海的洋味兒。

第三，因為是民國初年的春宮畫，所以充滿了傳統古舊與時髦新潮、新舊交替的特色。一方面，女子仍沿襲著裹了上千年的小腳、穿古老的肚兜；一方面，男人又梳著時髦的西裝頭、穿洋襪，行成有趣的對比。

最後，因為隨著照相術的發明與流行，大量廉價春宮照片的氾濫，手工繪製的春畫沒有了市場，就逐漸凋零了，本冊頁可說是中國春宮畫史上接近尾聲的傑出作品，在它以後，就很難再遇見如此高水準、精緻的春宮繪畫了。

唯一的例外是浙江餘姚人胡也佛，在民國三十七年所畫的三十餘幅彩色絹本《金瓶梅》插畫，其工筆之精緻，令人嘆為觀止。

以下就逐一介紹這十二幅上海的風情畫。

一、〈公園邂逅〉

是上海的徐家匯公園嗎？二〇〇四年十月八日我和妻子曾在這裡，親眼目睹一對年輕男女忘情地摟抱擁吻。

公園幽靜的一角，一個頭戴寬邊圓禮帽、身著淺黃色西裝，穿皮鞋、打領帶的年輕小夥子，明明兩腿強健，卻拄了根「文明杖」以示時髦，在公圓裡「吊膀子」（獵豔）。

他兩隻色眼四處張望，一下子看到遠處一位身穿銀灰色高領長袖上衣、淺褐色蕾絲滾邊長裙，頭梳馬尾辮，腳登高根鞋，打扮入時的妙齡女子，也在四處張望著呢！兩人四目相接，隨即一見鍾情，如磁遇鐵，立刻湊到一塊兒了。

兩人來到一處假山後，彼此介紹，相談甚歡，便開始摟抱撫摸了起來。女的很積極，伸手去掏出了男子的那話兒，用纖纖玉手捏弄著，男的微笑地看著女人，像說：「告訴儂，阿拉叫趙根大，根就是大，一點不騙儂。」

二、〈情侶幽媾〉

一對年輕的情侶相約上旅館開房間，要不負青春時光，一解相思苦。男梳西裝頭，是個時髦青年，女編雙髻，紮粉紅絲巾，是個新婚少婦，還纏了雙「男人愛」的好小腳。

因為是在密閉的房間裡，可以百無禁忌、為所欲為，兩人放心大膽地脫得一絲不掛，上床摟抱，像扭麻花似地

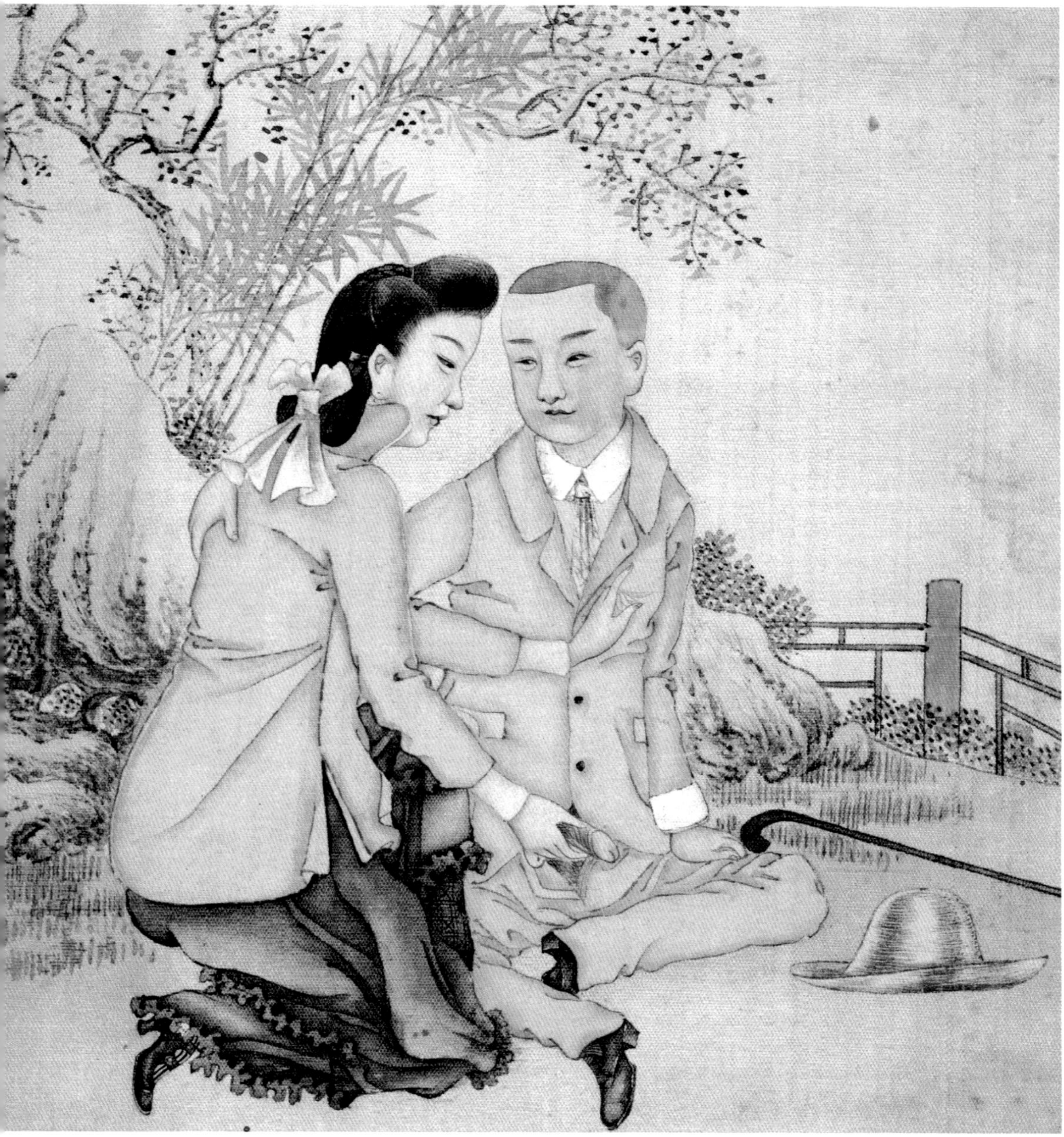

民初上海〈風花雪月圖冊之一・公園邂逅〉。

民初上海〈風花雪月圖冊之二・情侶幽媾〉。

糾纏到一起，上面作了個「呂」字，下面做了個「中」字，真是你儂我儂、忒煞情多。

金黃色的帳子、牆壁上的掛畫、床上的織毯……，都烘托出富麗堂皇的氣氛，是豪華的都城飯店、還是民初時全埠最高二十四層樓的國際飯店呢？據統計，在旅館開房間的男女，十之八九不是夫妻，想這對野鴛鴦也不例外。

三、〈煙榻敦倫〉

一對年輕的夫婦在家裡，一大早，妻子偷閒抽一口旱煙，丈夫卻興致勃勃地要敦倫。

妻子說：「等我把煙抽完再來辦事吧！」丈夫卻說：「等不及了，九點鐘我跟人有約，妳一邊抽煙，我一邊幹好了。」他興沖沖把妻子脫光了，放到矮榻上，自己也脫得精赤，只剩腳下一雙洋襪子，就爬上榻敦倫起來。

妻子斜倚古式高枕，屁股下墊著枕頭，兩腿高舉，迎著跪俯在胯間的丈夫，一手摟著男人、一手還抓著長長的旱煙管放在嘴邊吸食，真會享受。圖中右上方牆上有個勾子，不知是不是供人掛衣帽之用的。

四、〈洋床雲雨〉

一戶豪華人家，屋子裡擺著一張草綠色的洋式彈簧長沙發；沙發有扶手、有靠背，適合平躺了休息，男女主人就躺在長沙發上雲雨起來。

或許天氣有些涼，兩人都只脫光下半身；穿粉紅色斜襟高領上衣的妻子，以方枕墊腰，張開雙腿地坐著，丈夫俯跪在她身上，半靠半壓地準備「入港」，妻子早已動興了，左手緊摟著男人的肩膊不放，眼看一場好戲就要上演。

沙發背後是一座屏風，屏風上畫著紅桃。上海經濟發達、寸土寸金，一般人家的住房都比較逼仄，屏風可以隔出內外，對有限的空間作最大的利用。

五、〈磨房苟合〉

上海郊區一戶有莊園農田的大戶人家，收租回來的稻穀就堆在穀倉裡，要吃時從穀倉裡拿一些出來，送到磨房

民初上海〈風花雪月圖冊之三・煙榻敦倫〉。

▍民初上海〈風花雪月圖冊之四・洋床雲雨〉。

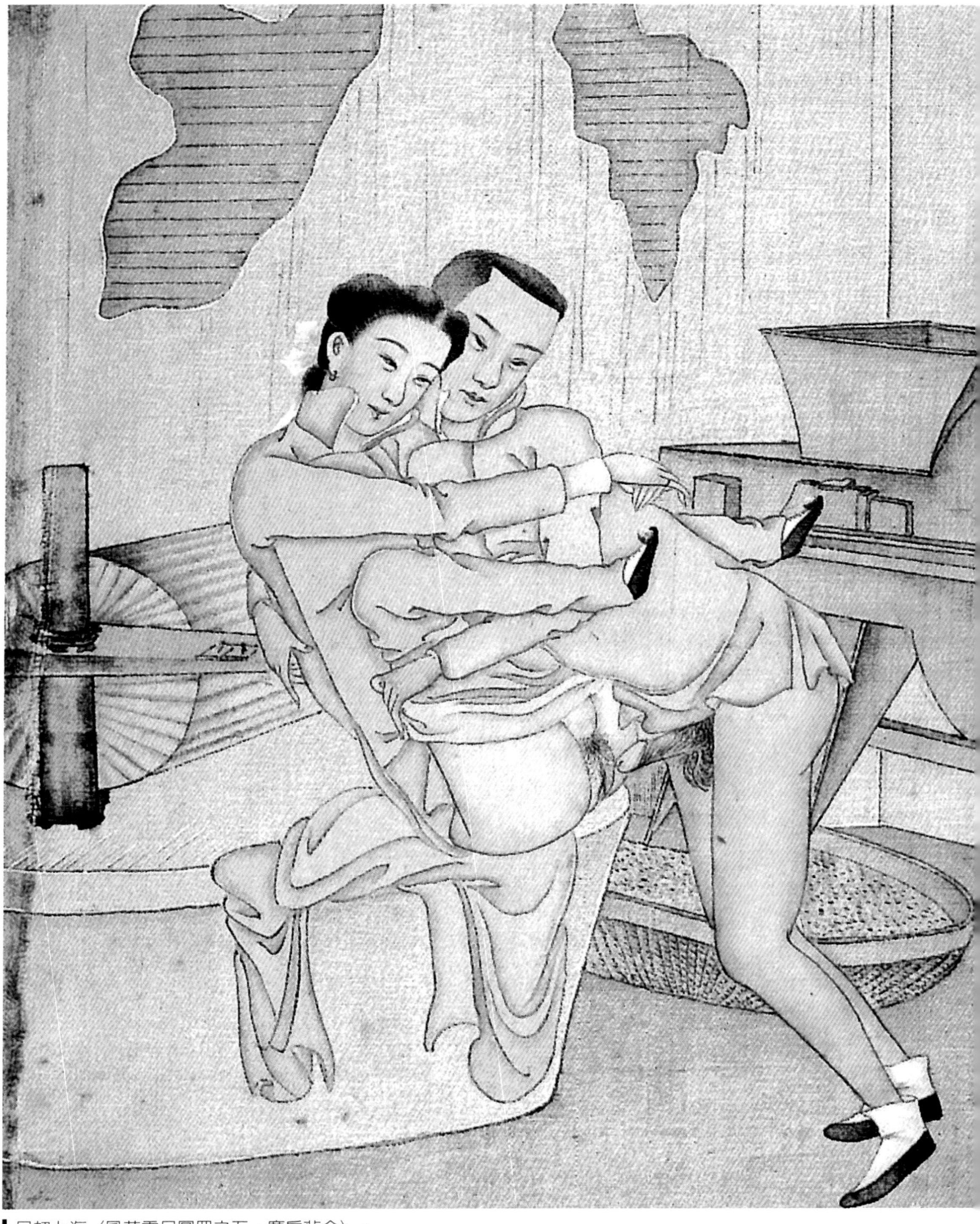

民初上海〈風花雪月圖冊之五・磨房苟合〉。

裡現磨，現磨的新米好吃，磨房有個年輕的長工負責。

富家千金看上了家中磨房裡的長工，悄悄來到磨房勾搭他；長工早垂涎千金小姐的美貌，見她自動送上門來，樂得恭敬不如從命。

他先脫光自己下半身，把水藍色長褲墊到滿是粉塵的石輾子邊上，讓小姐坐在上面，不致於把尊貴嬌嫩的屁股沾了兩團粉塵，而後解開她的褲腰帶，把私處褪出來，用手臂把她的腿彎兜架住，壓著她就聳陽而入。

小姐心甘情願地配合著，兩手還牢牢摟抱到長工身後，要他別憐香惜玉，該怎麼用力就怎麼用力。長工腳上穿的是傳統土布襪，和前幾圖中時髦男子所穿的鷹球牌紗洋襪不同，顯示他是下人身分。

兩人苟合的大舞台——石輾是去稻穀之殼的農具，用手推著長條狀的板檻，圓柱體表面有凹槽的石輾就繞圈轉動起來，不管下多少穀子，旋轉旋收，易於得米，比傳統的碯輾快好幾倍，像飛得極快的猛禽鷙鷹海東青一樣，所以這種新式石輾又叫「海青輾」。圖之右後方是去糠粃、得淨米的農器，稱「颺扇」，現在鄉下一般傳統農家仍可見類似工具。

六、〈閣樓春暖〉

上海市土地昂貴，普通人家的住宅都狹小，有人利用樓梯轉角處或廚房屋頂，搭間小小的閣樓，稱作「亭子間」，放張雙人床、擺個衣箱、一張桌子，就剩不了多少空間了，可以租人、也可以自住。

住亭子間的多半是貪圖租金便宜的窮作家、或在路上拉客人的野雞（俗稱「亭子間嫂嫂」）。民初文人周天籟，曾有章回小說「亭子間嫂嫂」，描寫這類流鶯的卑微生活。也因為上海地皮貴、住屋小，本畫冊中的各圖，描繪的空間都不大，都給人一種逼仄的感覺。

本圖描繪亭子間嫂嫂夜晚壓馬路，從街上勾引來一名嫖客，帶回自己住處交易。亭子間很小，陳設簡單，只在地板上鋪一張織席，待客的茶水擱在蓆子邊上，嫖客倚枕席地而坐，妓女就騎在他的身上替他服務。

圖的右邊是欄杆，護圍著下樓的木板樓梯；這幅春畫給亭子間嫂嫂的皮肉生涯留下寫實的一瞥。

▍民初上海〈風花雪月圖冊之六・閣樓春暖〉。

七、〈旅館裸裎〉

本圖和第二圖〈情侶幽媾〉很相似，都是描繪年輕男女上旅館開房間的風流勾當。男的英俊年輕像小白臉，女的嬌嬈美麗，像新婚不久剛領略風流滋味的少婦，彼此是情人而不是夫妻，到旅館中乾柴烈火發洩一下，以慰相思之苦。兩圖中的男女也都摟抱愛撫，極盡纏綿之態，說明了彼此情慾之熾熱。

因為是旅館，所以外間圓桌上擺著茶水；席地交歡則說明了旅店的星級不高；而人物線條之流暢生動、嫻熟準確，說明了春冊畫家的素描技法高明。女子乳房的渾圓飽滿、充滿彈性美感，也印證了民初時上海的審美觀受到西洋之影響，和傳統中國人忽略女性之乳房美，春宮畫扁平胸或下垂之布袋乳也不以為迕、不以為不美，是一種極大的、值得喝采的轉變。

八、〈躺椅戲蓮〉

同樣在本圖中，我們看到中國與西洋、古舊與新潮的並列，展現了上海這個國際貿易都市的多樣面貌：梳西裝頭、穿鷹球牌紗洋襪的時髦年輕人，跪在西洋沙發躺椅上，玩弄著古老中國的特殊癖好──三寸金蓮。

身穿時髦高領長衫、古式紅肚兜的少婦，腳下依舊纏著三寸金蓮，卻躺在西洋進口的彈簧沙發躺椅上，與情郎雲雨巫山。男子把少婦的雙腿屈起上推，露出誘人的私處，跪坐著正欲入港，雙手卻緊緊捏握著愛人的一雙小腳，說明了魚與熊掌他都要兼得的慾望。

這種兩邊有扶手的單人斜背躺椅，還有全部木製的，直到今天還是洋人夏天時在庭院中享受日光浴的一種家具。

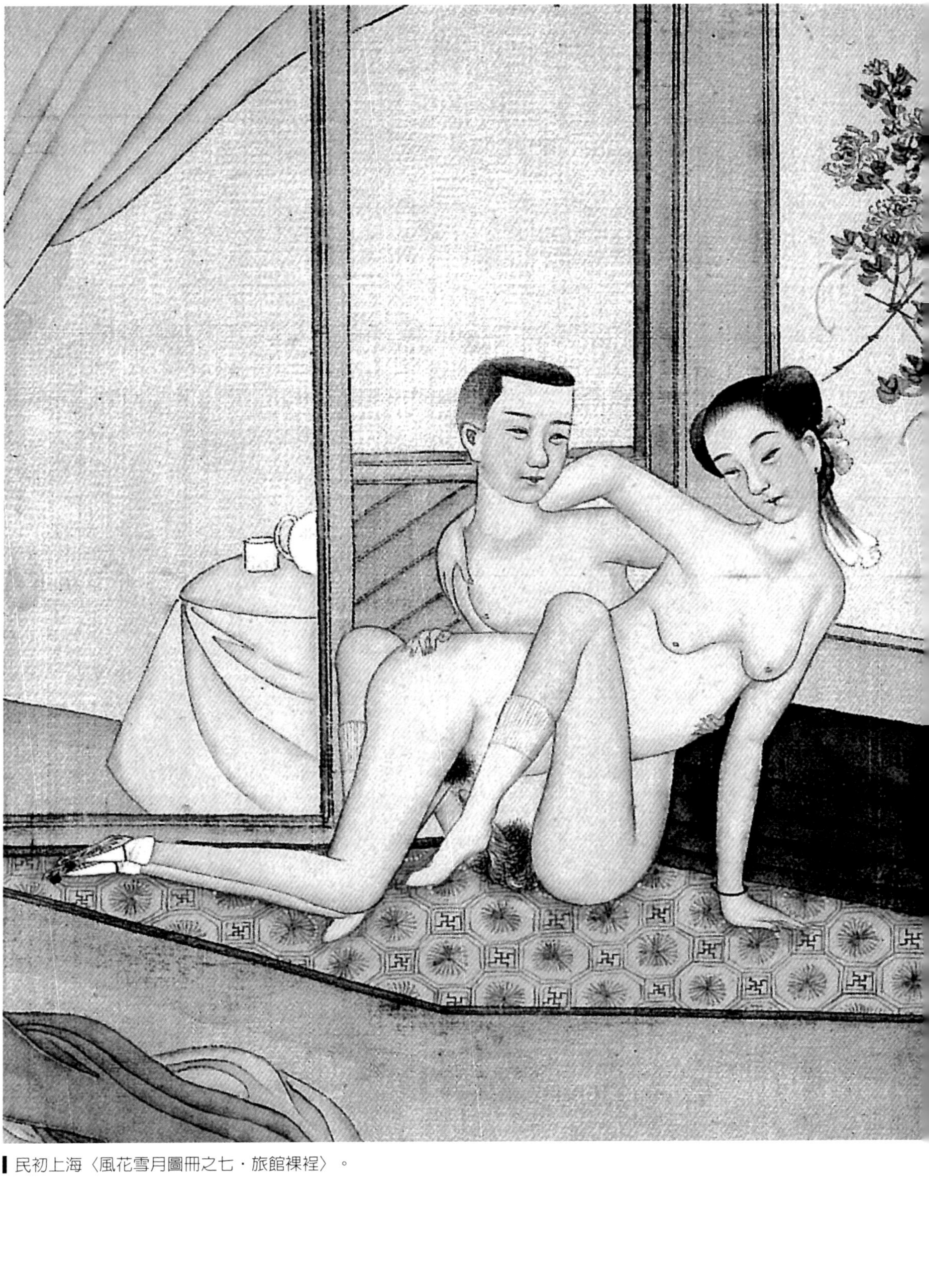

民初上海〈風花雪月圖冊之七・旅館裸裎〉。

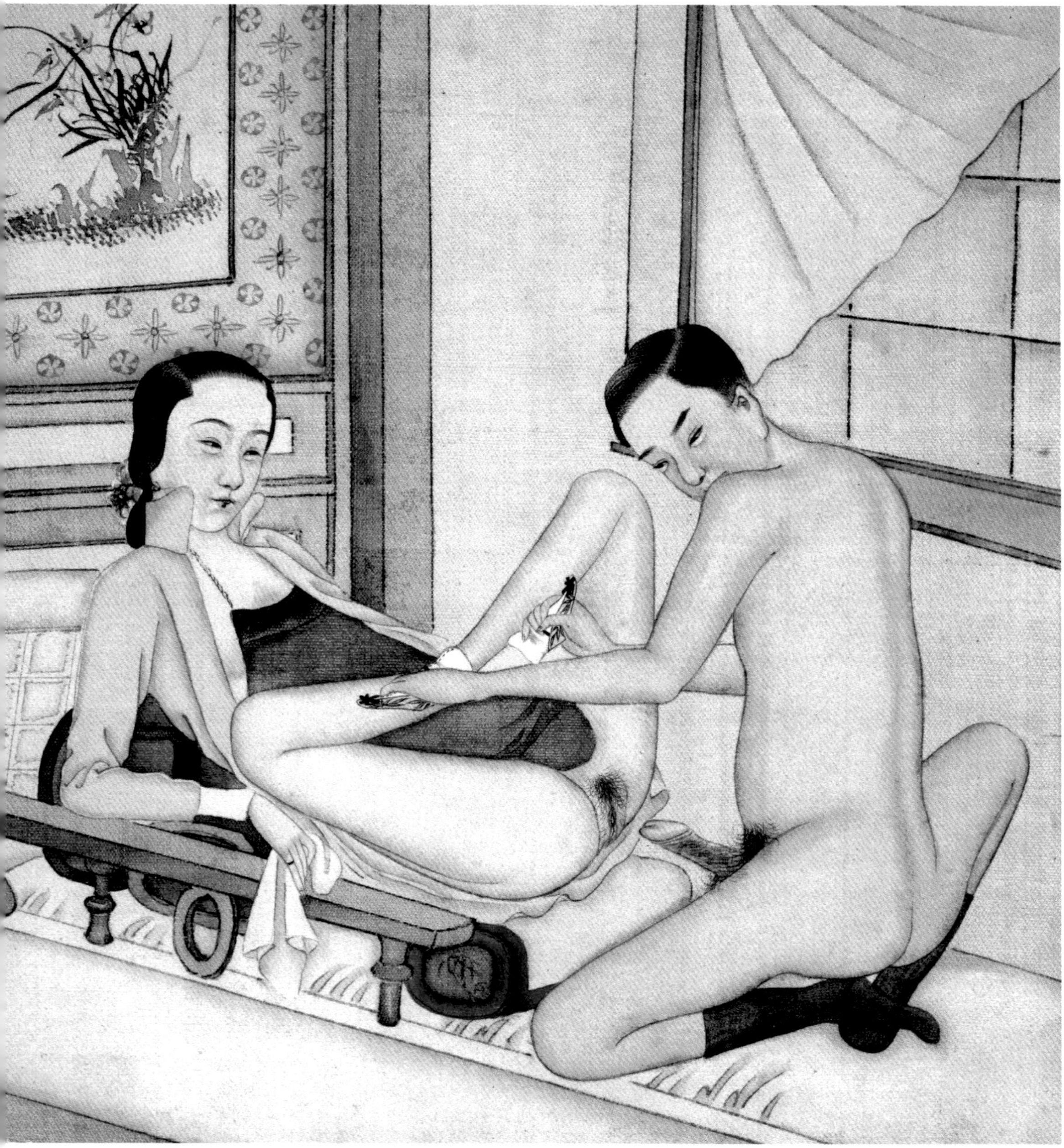

民初上海〈風花雪月圖冊之八・躺倚戲蓮〉。

九、〈席地縱淫〉

梳西裝頭、穿洋襪的時髦青年和他的情侶在旅館中幽會，女子還是未婚的身分，梳著長辮子、辮上繫著藍色綢帶紮的花，頭上卻戴著俏皮可愛的淡紫色歪垂帽——我懷疑這原本是戴在男子頭上的，到雲雨之際，男子卻頑皮地把它戴到女朋友頭上了。

少女婚前偷嘗禁果，與男友在旅館裡縱淫，這樣的事在今日已司空見慣；情人節上汽車旅館休息兩、三小時的年輕情侶，把旅館塞到爆、汽車在旅館外頭大排長龍，這種事情在民初的時髦都市上海已經出現了。看她一絲不掛地仰躺在席子上，肩背和股下都墊著枕頭，屈腿伸手、風情萬千地迎著男友的陽具，真是時代的新女性。男人雙手抓住她的雙腕，顯示出他強烈的控制欲，喜歡擺布別人的心理。

男子身材線條健美、女子三點寫真逼真，是一幅很具現代感的人體素描畫。

十、〈榻上交歡〉

這一幅也和第六圖〈閣樓春暖〉一樣，顯示出狹窄的空間感，很像是亭子間嫂嫂把嫖客帶回住處賣淫的寫照。

室內臨窗一榻，榻上鋪著織墊，一頭擺張小桌子，就可以充當化妝台和餐桌，天花板上垂下帳子來，就簡單卻功能俱備地把個「家」組成了。

嫖客似乎興緻高昂，自己脫得只剩下一雙洋襪子；婦人卻想速戰速決，好再出門找下一筆生意，便只脫了下半身。男人是喜歡妓女的三寸金蓮、才點頭同意亭子間嫂嫂的拉客嗎？看他在凹凸相湊之時，仍不忘雙手回伸去抓握妓女的兩隻小腳，在手裡捏弄把玩著，你就知道他對女人的三寸金蓮有多麼著迷。

民國初年時，中國政府已下令禁止婦女纏足，已纏之女性也紛紛解放已纏之小腳、穿大號的女鞋，在鞋裡空隙處塞棉花；只有偏僻的鄉下風氣未開，還有父母給年幼的女孩纏足，大都市尤其像上海這樣的國際性大城市，纏足婦女是愈來愈少了。有些從江北如揚州來滬上謀生的妓

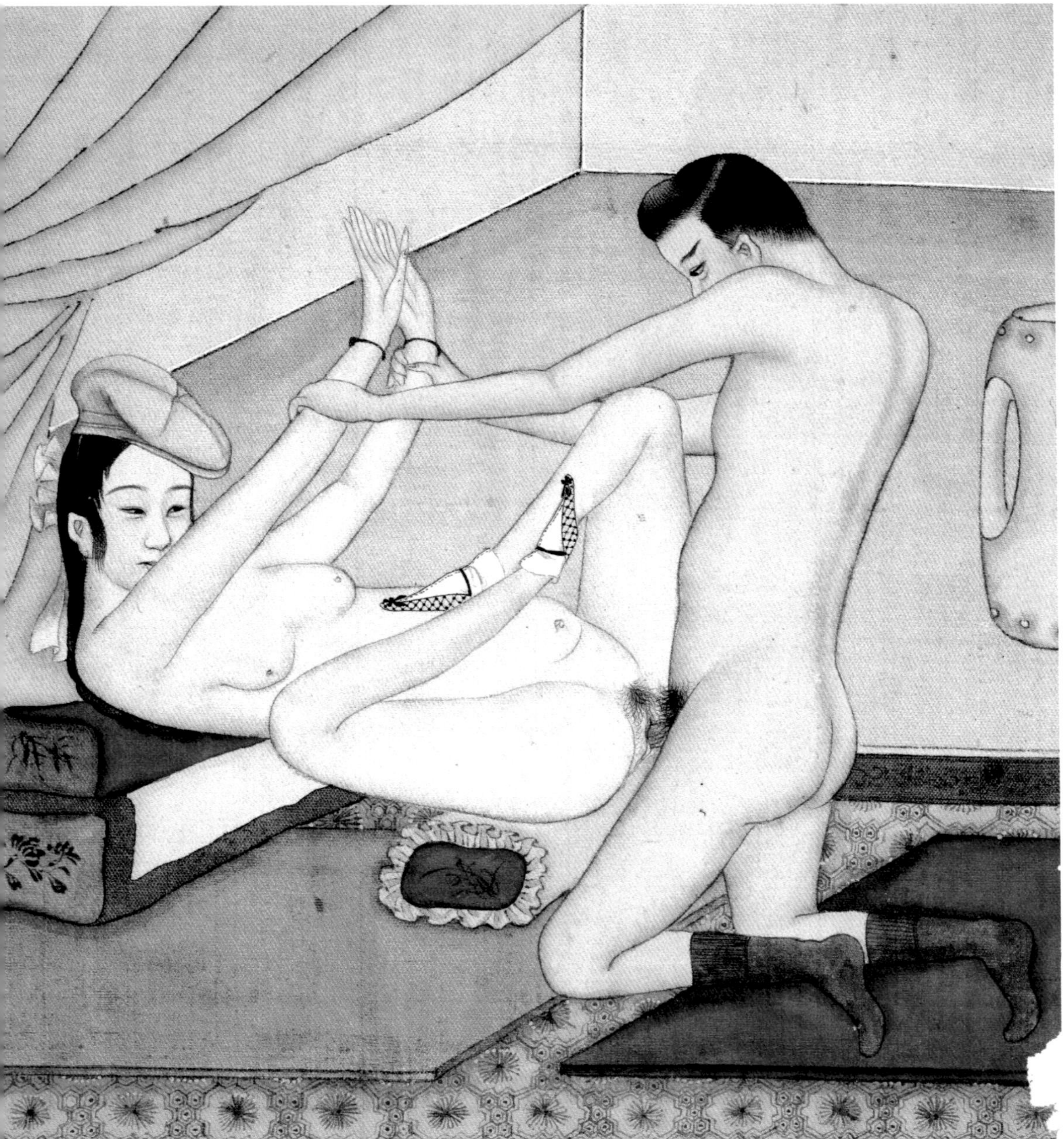

民初上海〈風花雪月圖冊之九・席地縱淫〉。

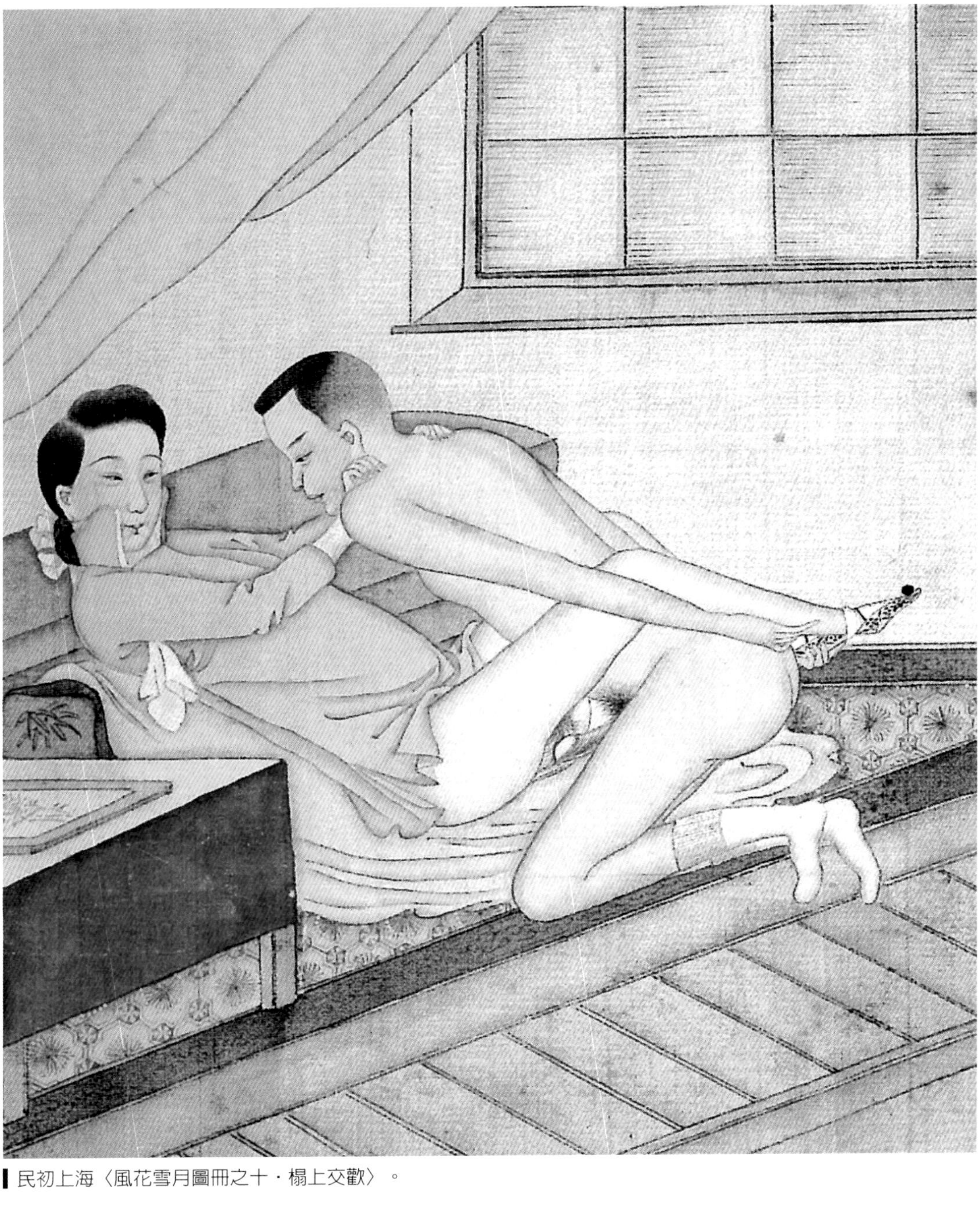

民初上海〈風花雪月圖冊之十・榻上交歡〉。

女，在煙花界便異軍突起，以一雙小腳作招牌，吸引仍舊迷戀三寸金蓮的男子。

本畫冊十二圖除第一圖〈公園邂逅〉看不出女子是否纏足外，其他十圖中的女性都依舊纏了小腳，說明畫家自身也是個三寸金蓮的迷戀者，出生在晚清仍流行纏足的年代、性啟蒙時纏足依舊合法，才牢固不移地養成了他對女人小腳的偏好。

十一、〈枯井生波〉

從衣著上看，背面穿灰褐色上衣、梳包頭的婦人似乎是個寡婦，著布襪、剃光頭的男子似乎是個下人，這幅春畫也許可以解讀為大戶人家守寡的主母，禁不住情慾的煎熬，半推半就地讓家中的小長工「強姦」了。

寡婦被拖到床邊上，下半身脫光了，身子側躺著，任一個下人恣意擺布。這個膽大妄為的小長工，讓主母側坐在自己的左腿上，把她的左腿抬起，那話兒對準「井眼」就往裡面攪，攪得一口枯井頓時生出許多波瀾來。

十二、〈帳中橫陳〉

延續上圖，小長工嘗到了甜頭，忍不住要對大長工炫耀一番；也可能是大長工覺察出小長工行為鬼祟，常常不見蹤影，終於發現了兩人的姦情，就也要與主母同床共枕、雲雨巫山；守寡的主母無奈，只好又任大長工擺布了；反正偷一人一是偷、偷兩人還是偷，差別不大。

圖中的婦人依舊穿著樸素的咖啡色上衣，枕著枕頭仰躺在床上，兩腿大張地任長工淫樂；身穿粗布上衣的長工似乎經驗老到，還特別搬一張罩著藍布的矮方几到床邊，跪到上面，取一個最理想的高度，可以直搗黃龍、一桿進洞，把主母服侍地兩眼迷離，不由自主地伸手去摟抱這個膽大包天的大長工。

這就是大上海花花世界的風情畫。

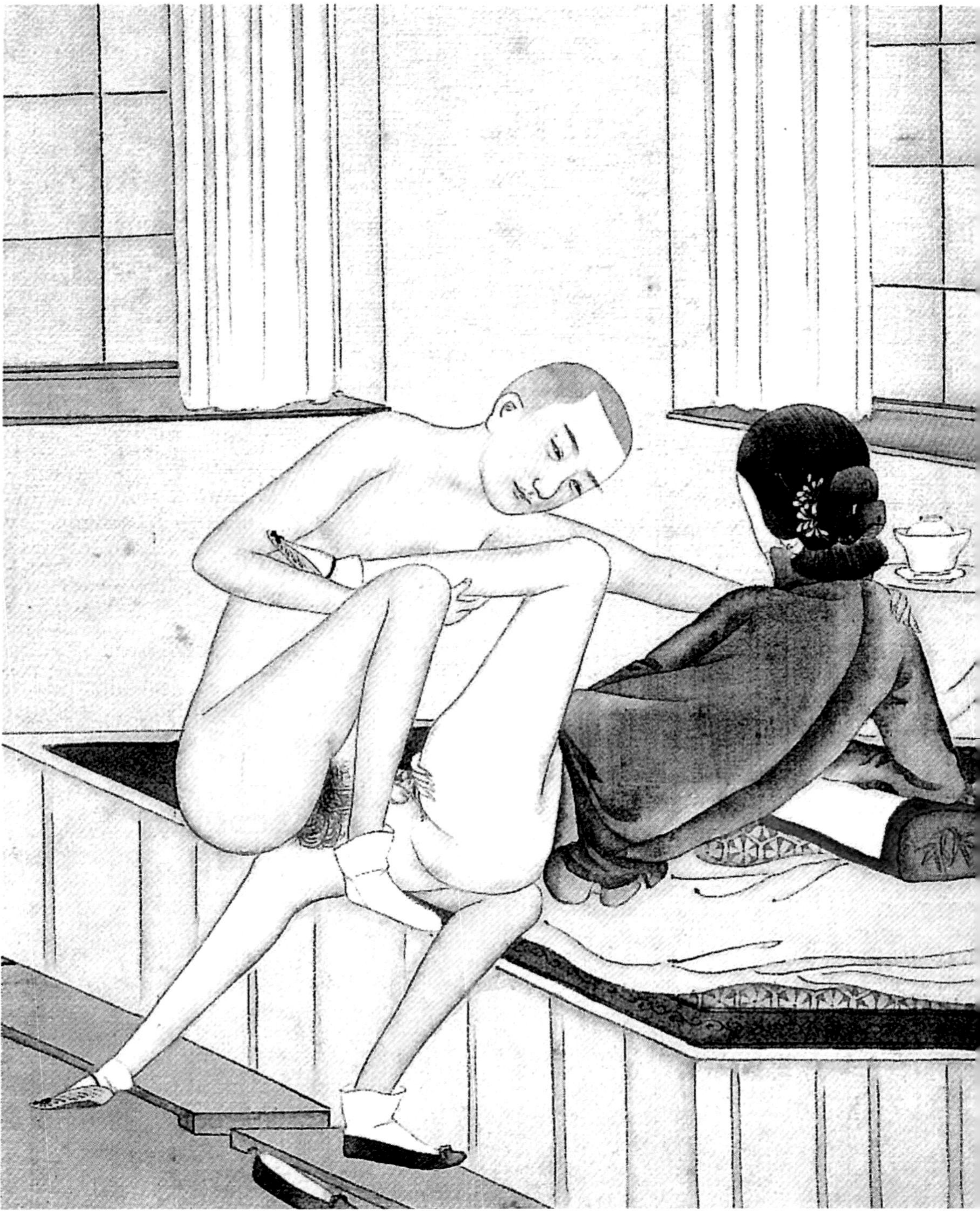

民初上海〈風花雪月圖冊之十一・枯井生波〉。

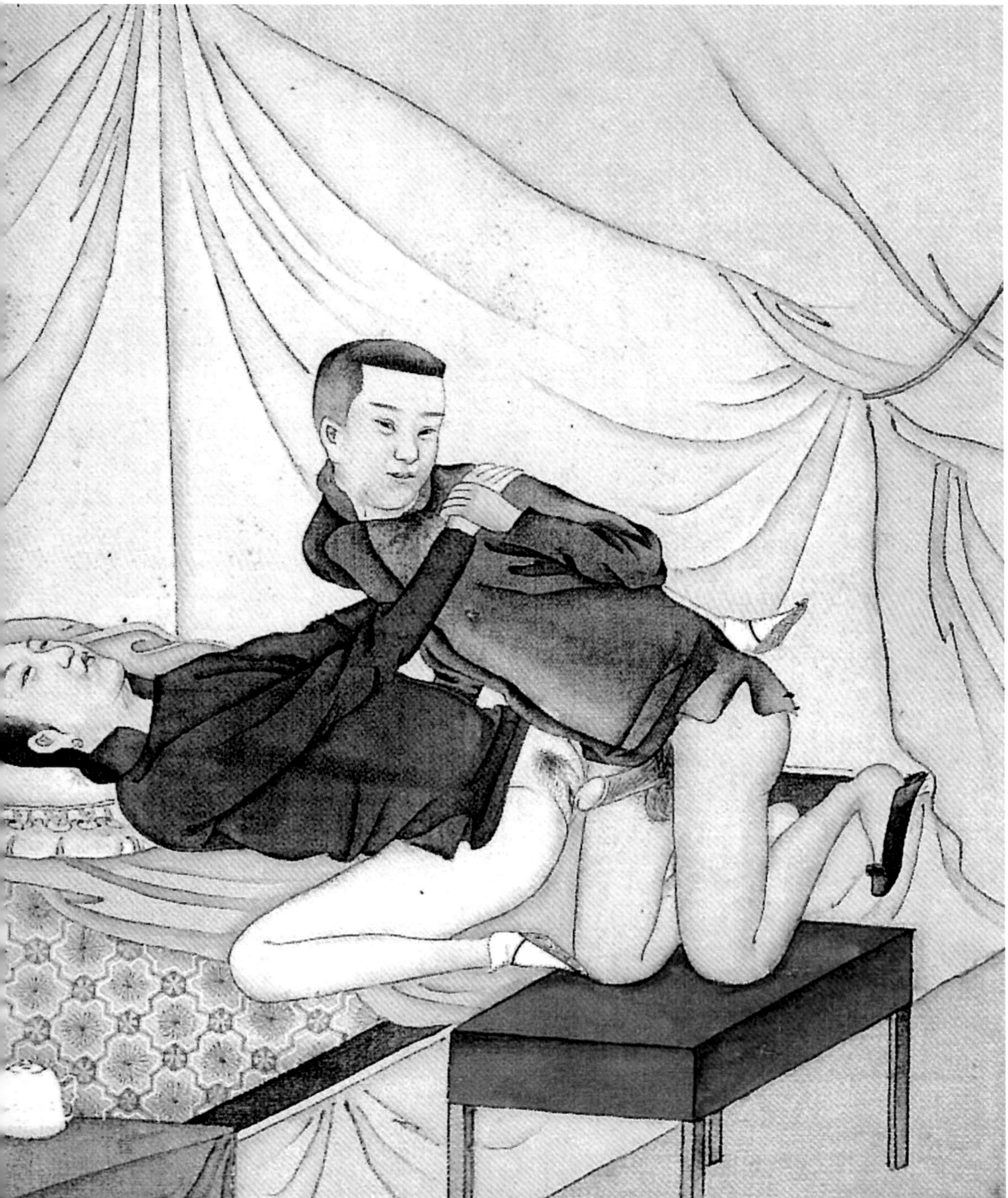

▍民初上海〈風花雪月圖冊之十二・帳中橫陳〉。

第十二講

民國胡也佛畫《金瓶梅》插畫

這個繪於六十多年前的冊頁，原本不在講述計畫之內，理由很簡單：一、原圖是彩色的，我迄今只看到不夠清晰的黑白照片；二、原圖有三十餘幅，我只看到二十二幅，不全。

如今我還是決定把這二十二幅黑白圖片作一番介紹。理由是它們畫得太精麗生動，不介紹給讀者們絕對是個遺憾。「中國春宮祕戲圖」若不介紹胡也佛的《金瓶梅》插畫，似乎就不夠完整。

一九八二年左右，我就得到了二十二幅胡也佛畫的《金瓶梅》插圖黑白照片，尺寸是十二乘十八公分；那是一位在《聯合報》服務、素昧平生的前輩，看了我在《民生報》上撰寫「古典的浪漫」專欄後，主動打電話來，熱情提供的，令我銘感至今。這些年裡，我一直夢想有緣能見到這套作品的彩色圖片，數量更多些、圖片更清晰些，可以更充分欣賞胡也佛先生的傑出才華，可惜始終未能如願。

最近，我在網路上看到多年從事版本研究、在美國麻州劍橋燕京圖書館工作的沈津，於二〇〇九年五月二十九日發表的〈《金瓶梅》的繪圖——兼說胡也佛〉一文，遠超過我於一九九一年出版《千年綺夢》一書中對胡也佛與《金瓶梅》插圖的認識，使得本書的這一講、有關胡也佛生平的介紹，能更加充實完備而正確，這是要感謝沈津先生的。

《風》、《月》兩書前此一共介紹了清朝乾隆、嘉慶年間佚名畫家所繪的《金瓶梅》插畫三種，其實清初還有位佚名畫家根據晚明崇禎刊本《新刻繡像批評金瓶梅》書中的兩百幅木刻版畫，繪製了兩百幅彩色絹本「金瓶梅全圖」。

這兩百幅絹畫一直珍藏於遼寧瀋陽的清宮裡，滿清遜位後，這套稀世之珍便落入東北軍閥張學良之手。大約在民國二十五年時，上海奇珍共賞社書賈說動了張學良，由其親信馬弁攜此二百幅絹畫冊頁隨書賈共赴上海，以珂羅版照像影印刊行，題作「清宮珍寶百美圖」。

但是同年底西安事變發生，張學良成階下囚；次年一月二十八日日軍空襲上海，據說這套絹畫燬於戰火，馬弁逃之夭夭，失去自由的張學良也無法追究了，世間只剩上海奇珍共賞社已印好的三千套成書，每套兩大冊，四開大小、穿線裝釘函裝，至今這批倖存的見證早已十分罕見，筆者有幸珍藏了一套。

此外，民國三〇年代，上海的張光宇、曹涵美兄弟都曾畫過《金瓶梅》。張光宇為南宮生所寫的《金瓶梅》二十七位人物介紹的專書——《金瓶梅畫傳》，畫了五十四幅人像畫，先在上海的報刊上發表，民國四十一年由香港文苑書店印行出版。曹涵美原本姓張，與張光宇、張正宇是兄弟，三人都是大畫家，因從小過繼給舅舅而改了姓名。

曹涵美在三〇年代末於上海《時代漫畫》連載上圖下文的《金瓶梅全圖》，後來於一九四二年一月由上海國民新聞圖書印刷公司結集出版，共十集五百圖，我只蒐得前四集。此書前些年又由浙江人民美術出版社再版發行了。

由此可知，完整的、沒有刪節的《金瓶梅》一書，在三〇年代的上海已非罕見，給畫家畫插圖時提供了詳盡的資料。也就是在這種先進風氣和完備資訊的條件下，胡也佛於中日抗戰結束後的一九四七、四八年，在上海繪製了這套共三十餘幅精美的彩色絹本「《金瓶梅》插圖」。一共三十幾張呢？是三十二還是三十六？目前我還並不清楚，但應該不是沈津先生於前引文中所說的三十幅。

以下先介紹胡也佛的生平，與他創作這套《金瓶梅》插畫的經過。

胡也佛，也作亦佛，原名胡國華，另有丁文、胡新、胡強等筆名，或署名大空堂；浙江餘姚人，清光緒三十四年（西元一九〇八年）生。十六歲（西元一九二四年）時考入上海美術專科學校，後轉入俞寄凡、汪亞塵於西元一九二六年創辦的新華藝專，學習西洋畫，於一九二七年畢業，並考入南京國民政府總政治部擔任上尉宣傳員。次年升任為蔡公時上校之副官，一九二九年辭職，入上海商務印書館美術編輯部任高級職員，編輯《兒童畫報》。

胡也佛性格內向、沉默寡言、不擅交際，但為人和靄可親，從不與人爭吵，且勤奮好學，也無聲色犬馬之好，是位謙謙君子。抗戰前，胡也佛離開上海商務印書館，曾經營照相館、糖果店、國民書局等，但是當時社會經濟蕭條、民不聊生，不擅長做生意的胡也佛總是面臨倒閉的命運。

西元一九三七年中日抗戰爆發後，胡也佛開始學習中國畫，借助於中華書局、商務印書館、文明書局、有正書局出版的中國古代書畫圖冊珂羅版印刷品，開始臨摹古人書畫，臨習宋徽宗瘦金體書法及懷素草書自敘帖、畫趙公麟鐵線絲白描、擬宋元大家之山水、明人仇英之仕女人物，加上他早年紮實的西洋畫基礎，於是融匯古今中外而自成一家，山水人物、草木魚蟲無一不精。

西元一九四五年中日抗戰結束後，市面上物價騰貴、一日三變。為了擺脫經濟困境，胡也佛開始創作春畫扇面以換取米麵；這些春畫由於人物生動、線條流暢、構圖考究、設色豔麗而享譽滬上。

大約在西元一九四六年、四七年之交，譽滿上海的胡也佛應上海某銀行周姓董事長之邀，創作了這套三十餘幅的《金瓶梅》插畫。當時他的畫價是一兩黃金畫三張，需時兩個月；這三十餘幅作品的總價是十兩黃金，花了近兩年的時間完成。圖中有「丁亥端午也佛寫」，丁亥為一九四七年，胡也佛四十歲；「戊子七夕也佛時年四十有一」，戊子為一九四八年。

西元一九四九年大陸易幟後，胡也佛受聘於上海燈塔出版社，不久又轉入新美術圖書書店、上海人民美術出版社工作，但很少作畫了，業餘時與早年商務印書館同事張令濤合作，創作《紅樓夢》、《女媧補天》等連環畫，在朵雲軒任木刻水印勾描組長。

西元一九五二年，當時上海市公安局北站分局，通知以春宮人物享譽於世的胡也佛：「按解放前民事案件免於處理，但畫稿原件需全部收回上繳銷毀，具結今後不得再畫。」胡也佛的許多畫作便因而銷毀不存了。真希望上海公安單位並沒有銷毀這些畫稿，而是私下偷藏了起來。

西元一九六六年開始的文化大革命十年期間，胡也佛因為曾經創作春畫，受到上百次的嚴酷批鬥，吃盡苦頭。文革結束後，年近七十的胡也佛退休居家，偶而畫畫自娛，多臨摹石濤山水，不再畫工筆仕女；曾在一九七〇年代末被上海美協招去，為國際飯店、金山石化總廠畫巨幅掛畫以裝飾大客廳，代價不過是事後一餐豐盛的酒筵而已。

胡也佛於一九八〇年在上海病逝，享年七十三歲。

這套《金瓶梅》冊頁中的男女人物造型優美、線條流暢、表情生動，打破傳統春宮畫人物面無表情的窠臼，顯示出胡也佛人物畫的寫實功力，充滿現代精神；家具陳設富麗堂皇、精美絕倫，想見胡也佛作畫時，必定仔細參觀了上海專賣古董家具和古玩的店鋪；園林山石也必然參考了當時上海著名的江南園林（如上海的豫園），可說是胡也佛在盛年時嘔心瀝血的作品，是他畢生登峰造極的代表作。

胡也佛畫《金瓶梅》冊頁時，還曾仔細參照原書內容，把原書的細節都用心描繪出來，把圖與文相扣得嚴絲合縫。因此，某一圖只能是某一回裡的某個故事，絕不會讓人疑猜它也可能是另一回裡的另一個故事，不像清中葉佚名畫家的《金瓶梅》插畫，時有模棱兩可、辨識不易的困擾。

以下按插畫內容對照原書的先後次序，逐一介紹當年任職《聯合報》的前輩提供的這少了十餘圖的胡也佛《金瓶梅》插畫，希望異日有機會補全。我所引用的《金瓶梅》原書有兩個版本：一是日本日光山輪王寺慈眼堂藏《金瓶梅詞話》，一九六三年五月印行精裝五卷本，每卷二十回，引文註明卷幾頁幾；一是台北市曉園出版社一九九〇年九月印行《新刻鏽像批評金瓶梅》平裝二冊本，引文註明上冊或下冊頁幾，以便有需要的讀者自行檢閱，兩種版本的文字略有小異。

一、〈張大戶收用潘金蓮〉（第一回）

北宋徽宗崇寧年間，山東清河縣大街坊有個富翁張大戶，家財萬貫、房屋百間，他年近六旬卻膝下猶虛、生活乏味，便央求妻子余氏同意，買下兩個丫環，一名白玉

民國胡也佛畫《金瓶梅》插畫之一〈張大戶收用潘金蓮〉

蓮，十六歲；一名潘金蓮，十五歲。玉蓮學箏，金蓮學琵琶，早晚學習彈唱。後來白玉蓮死了，只剩金蓮一人，長成十八歲。書上說：

> 金蓮……出落得臉襯桃花、眉彎新月，張大戶每要收她，只礙得家婆厲害，不得到手。一日，主家婆鄰家赴席不在，大戶暗把金蓮喚至房中，遂收用了。（卷一頁二〇，上冊頁一九至二〇）

胡也佛此圖極力描繪張大戶家的奢華。右上角的多寶格立櫃擺滿了古董畫軸，庭前花木扶疏，張大戶把潘金蓮帶到巨大的泥金山水屏風後面，要替她開苞。

潘金蓮被剝褪裙褲、露出下身來，仰躺在醉翁椅上，她用雙手撐拒著男主人，臉上露出驚懼的表情。留長髯的張大戶一臉色瞇瞇地盯著潘氏，用雙臂把她兩腿推高，毫不留情地奪走了金蓮的貞操。

潘金蓮學習多年取悅主人的琵琶斜躺在廳堂屏風前的地上，顯示出事發之突然；張大戶躲在巨大的屏風後偷腥，顯示出他內心的不安、怕兇悍的妻子突然回來。屏風前矗立著一尊半裸觀音，則暗示著「色即是空、空即是色」，所以書上接著說：「大戶自從收用金蓮之後，不覺身上添了四、五件病症。端的那五件？第一腰便添疼，第二眼便添淚，第三耳便添聾，第四鼻便添涕，第五尿便添滴。」

此圖右上方屏風上，有一陽文篆書壺蘆印「也佛」，左下角椅背處鈐一陰文方印「寧天下人負吾」。

二、〈潘金蓮嫌夫賣風月（第一回）〉

張大戶妻子余氏知道丈夫收用丫環潘金蓮後，將金蓮百般苦打，最後貼些嫁妝白白送給租他們家臨街房子的單身房客武大郎。

武大原有妻室，但已往生，留下一女迎兒，十二歲，靠挑擔賣炊餅（饅頭）為生。武大娶得潘金蓮後，張大戶每每趁武大出門作生意時，溜去與潘金蓮敘舊，有時武大回來撞見了，也不敢吭氣；為潘氏之水性楊花、武大郎之個性懦弱預作伏筆。

後來張大戶色癆而死，妒恨潘氏的主家婆把武大、潘

民國胡也佛畫《金瓶梅》插畫之一〈潘金蓮嫌夫賣風月〉

金蓮趕出，他們只好在紫石街另覓租屋。書上說：

原來這金蓮自嫁武大，見他一味老實、人物猥瑣，甚是憎嫌，常與他合氣（吵鬧鬥氣）。……武大每日自挑炊餅擔兒出去，賣到晚方歸，婦人在家，別無事幹，一日三餐吃了飯，打扮光鮮，只在門前簾兒下站著，常把眉目朝人，雙睛傳意。左右街坊有幾個奸詐浮浪子弟，眼見了武大這個老婆打扮油樣、沾風惹草，被這干人在街上撒謎語，往來嘲戲，唱叫：「這一塊好羊肉，如何落在狗口裡？」（卷一頁二二至二三，上冊頁二〇至二一）

「羊肉」云云，嘲潘氏騷也。此圖畫潘金蓮站在門首簾後賣弄風情，門邊坐著一個想吃天鵝肉的無賴漢，張口唱著：「這一塊好羊肉，如何落在狗口裡？」但潘氏似乎看不上他，眼睛看著別處。她身後還有一個婦人，露出半臉半身，小腿綁著蔽膝，蓋住三寸金蓮，或許是隔壁開茶坊的王婆，來家裡借東西，胡也佛藉此暗示王婆與潘金蓮相互熟識；屋子樓上的年輕女子，則是武大與前妻所生之女迎兒。

此圖畫簾後美女，在技法上有一定之難度，具見胡也佛的繪畫功力，左上角雲端有一壺蘆印陽文篆書「也佛」，右下角有一陽文小方印「也佛」，一陰文方印「寧天下人負吾」。

三、〈西門慶偷姦武大妻（第六回）〉

一日潘金蓮手拿叉桿放簾子，忽一陣風刮來，失手將叉桿打在路過的西門慶頭巾上，打得西門慶失魂落魄，找隔壁茶坊的王婆拉皮條，定下「挨光十計」，假借縫製壽衣為名，把潘金蓮邀到王婆家，讓西門慶有機可趁，終於得以任意擺布潘氏、恣逞獸慾。這年（宋徽宗政和三年，西元一一一三年）西門慶二十七歲，潘金蓮二十五歲，一個屬虎、一個屬龍，由此展開了日後無數回合的「龍虎鬥」。

西門慶偷姦武大老婆，被賣梨的鄆哥知道了，告訴武大，潘金蓮先下手把丈夫毒死，匆匆燒了骨灰，辦完喪事，便與情夫西門慶更加打得火熱，書上說：

民國胡也佛畫《金瓶梅》插畫之一〈西門慶偷姦武大妻〉

不一時，二人吃得酒濃，掩閉了房門，解衣上床玩耍。王婆把大門頂著，和迎兒在廚房中動啖用箸，二人在房內顛鸞倒鳳，似水如魚，取樂歡娛。那婦人枕邊風月比娼妓尤甚，百般奉承；西門慶亦施逞鎗法打動。兩個女貌郎才，俱在妙齡之際……。（卷一頁一三六，上冊頁八一）

此圖畫西門慶壓著潘金蓮在屋裡床上搞，門外坐著王婆，側身歪脖子聽淫聲，旁邊一根竹桿斜撐著，所以知道是描繪第六回西門慶到潘金蓮家偷歡的情節，而不是第四回西門慶與潘金蓮初次在王婆家偷情的故事；因為在那一回裡沒提到王婆在門外把風。

那回偷情時武大郎還活得好端端的，這回潘金蓮已熱孝在身作了寡婦。諺云：「若要俏，一身孝」，寡婦必然性饑渴，在古代中國搞寡婦又屬禁忌，所以男人搞寡婦時格外刺激。第六回書上說這天是端午節，西門慶在潘金蓮家一直盤桓到夜晚天黑了才走；「鎗法」云云，指的是左刺右搗、螺入龜出、輕重緩急、九淺一深，西門慶是風月浪子，對此當然都十分在行，把個潘金蓮伺候得魂飛魄散、滿意至極。圖中畫床前腳踏板上放了一個燭台，點著燈火，一隻饑鼠爬上燭台偷油吃，床肚底下竄出一隻花貓作勢欲撲，這些細節一方面表明了時辰、一方面又暗示了男歡女愛的肉搏戰有如貓之捉鼠（燭火象徵情慾，鼠喻潘金蓮，貓喻西門慶），具見畫家之用心良深。

四、〈潘金蓮帳內品簫（第十回）〉

土財主西門慶把武大的未亡人潘金蓮娶回家，作了第五房老婆，從此穿金戴銀、吃香喝辣，還派了兩個丫頭伺候她。一個是機靈的春梅，原在大房吳月娘身邊服侍；一個是蠢笨的秋菊，西門慶花了六兩銀子買來的，負責上灶。

本圖描繪的是書上第十回裡，西門慶和五妾潘金蓮在房裡的恩愛勾當。

時序來到八月末、九月初，在大陸北方的山東，此時荷花正盛開著，白天西門慶率同妻妾賞荷，晚上就到潘金蓮房裡敦倫交歡。書上說：

民國胡也佛畫《金瓶梅》插畫之一〈潘金蓮帳内品簫〉

當日西門慶率同妻妾，合家歡喜，在芙蓉（荷花別名）亭上飲酒，至晚方散，歸到潘金蓮房中，已有半酣，乘著酒興，要和婦人雲雨。婦人連忙薰香打鋪，和他解衣上床。

西門慶且不與她雲雨，明知婦人第一好品簫，於是坐在青紗帳內，令婦人馬爬在身邊，雙手輕攏金釵，捧定那話，往口裡吞放。西門慶垂首翫其出入之妙……。（卷一頁二二四至二二五，上冊頁一二五）

一百回《金瓶梅詞話》裡，說到喜歡替男人口交的婦女，至少有潘金蓮、李瓶兒、王六兒、如意兒、鄭愛月等五人，提及吹簫的場景，至少也不下十二處，怎知本圖就是描繪第十回裡的情節呢？

因為床前有個女子，手中端著托盤，盤上放著一套三件有杯有蓋有托的白瓷茶碗；而原書接著前引文說：

嗚咂良久，淫興倍增，因呼春梅進來遞茶。

婦人恐怕丫頭看見，連忙放下帳子來，西門慶道：「怕怎麼的？」……（同前）

本圖極力描繪西門慶家之富麗堂皇，六柱架子床帳裡，潘金蓮馬爬在西門慶身上，兩人相互口交，紗帳半掩，床前腳踏子上放著一雙男鞋和一雙繡花小鞋，踏板一頭是尿壺（稱「虎子」），硬木挑桿落地六角宮燈被移到床邊，要點著燈助興。床的一側立著一個貯放衣物的頂豎櫃（一個兩開門的立櫃、上面再疊放一個兩門頂櫃，又稱「四件櫃」）；靠背浴盆、提梁水桶、脫下的衣裙散放了一地，屋裡還擱了一大盆盛開的荷花，呼應西門慶與妻妾白天之賞荷。丫環聞聲捧茶而入，卻撞見主人與主母正在行房，身子欲前又止，顯示著進退兩難的尷尬。

五、〈潘金蓮私僕受辱（第十二回）〉

西門慶貪戀青樓雛妓李桂姐姿色，一住半個多月不回家，潘金蓮慾火難耐，便與家中小廝琴童發生了不可告人之事。後來西門慶發覺有異，就狠狠打了琴童一頓，將他逐出家門，又來責問潘金蓮。書上說：

民國胡也佛畫《金瓶梅》插畫之一〈潘金蓮私僕受辱〉

西門慶……吩咐春梅把後角門頂了，不放一個人進來，拿張小椅兒坐在院內花架兒底下，取了一根馬鞭子拏在手裡，喝令淫婦脫了衣裳跪著。那婦人自知理虧，不敢不跪，倒是真個脫去了上下衣服，跪在面前，低垂粉面，不敢出一聲兒……

西門慶……向她白馥馥香肌上，颼的一馬鞭子來，打得婦人疼痛難忍，眼噙粉淚，沒口子叫道：「好爹爹，你饒了奴罷……」

（西門慶）叫過春梅摟在懷中，問他：「淫婦果然與小廝有首尾沒有？妳說饒了淫婦，我就饒了罷。」

那春梅撒嬌撒痴，坐在西門慶懷裡道：「這箇爹，你好沒的說，和娘成日唇不離腮，娘肯與那奴才？……」（卷一頁二六六至二六八，上冊頁一四七至一四九）

此圖描繪的故事，與上述情節完全吻合，不會與同書第十九回西門慶用馬鞭抽打六妾李瓶兒的故事相混淆，因為那回是在房中鞭打，現場也沒第三人，當時潘金蓮、孟玉樓是躲在門外偷聽動靜。

此圖中跪在地上的潘金蓮身材婀娜、以臂遮臉、面露驚懼，椅上的春梅眼神媚人、嬌痴無比，人物表情之生動，在中國春宮畫史上可謂前無古人。

圖的右下方雲間有一「也佛」陽文葫蘆印，左下方有一陰文篆書閒章「寧天下人負吾」，說明了胡也佛是個個性謙讓、忠厚老實之人。

六、〈迎春兒隙底私窺（第十三回）〉

西門慶與應伯爵、謝希大、花子虛等十人義結兄弟，經常一起去妓院喝花酒。西門慶看上了家住隔壁的花子虛老婆李瓶兒，就唆使應伯爵等人纏住花子虛，在妓院飲酒嫖妓不回家，自己卻溜到花家與獨守空閨的李瓶兒偷情。

本圖描繪西門慶在花子虛家裡偷歡、李瓶兒的丫環迎春在窗外偷窺的情景。書中第十三回說：

西門慶擺過一張桌凳來踏著，暗暗扒過牆來，這邊已安下梯子，李瓶兒……歡喜無盡，迎接進房

民國胡也佛畫《金瓶梅》插畫之一〈迎春兒隙底私窺〉

中，掌著燈燭，早已安排一桌齊齊整整酒餚果菜，小壺內滿貯香醪。……

兩箇於是並肩疊股，交盃換盞，飲酒做一處，迎春旁邊斟酒，秀春往來拿菜兒。吃得酒濃時，錦帳中香薰鴛被，設放珊枕，兩個丫環抬開酒桌，拽上門去了。……

這迎春丫環今年已十七歲，頗知事體，見他兩個今夜偷期，悄悄向窗下用頭上簪子挺簽破窗寮上紙，往裡窺覷。端的二人怎樣交接？但見燈光影裡，鮫銷帳內，一來一往，一撞一衝，這一個玉臂忙搖，那一個金蓮高舉，這一個鶯聲嚦嚦，那一個燕語喃喃……迎春在窗外聽看了個不亦樂乎。（卷一頁二九九至三〇一，上冊頁一六四至一六五）

胡也佛此圖特別強調丫環迎春的偷窺，把她安排在畫面中央，躬身貼臉朝窗紙破洞處往裡窺看，聽看得春心蕩漾，不由自主地夾緊雙腿，還伸手到胯間去自慰。相較之下，右上角屋裡偷情的西門慶與李瓶兒，就只是畫面的陪襯了。更有趣的是門檻上坐著一隻花貓，正回首看著迎春，一臉驚訝的表情，像是在問：「別人雲雨巫山，妳這麼興奮幹嘛？」

門柱上有七字篆書聯，寫著極為冷僻的古字「敬呼碩人導菑隴」，「碩人」是高個子、大人，指西門慶，「菑隴」是廢耕長滿荒草之田隴，指李瓶兒；她老公花子虛流連青樓，把嬌妻冷落了，才敬請西門大人來「耕田」。柱聯上的「導」字是古體，諧音「搗」，見《金石韻府》；「菑」也是古體，作「甾」字，見〈玉篇〉。「隴」字在柱子上寫成「阝婁」，兩字相通，見《康熙字典》。

「敬呼碩人導菑隴」是門聯的下聯，上聯在畫面中被省略了，當作「夫君狎妓夜不歸」，意思就很清楚了。

說穿了，胡也佛是有心考倒看畫者，根本沒打算讓人辨認出來他寫的是什麼。聯下有「戊子七夕也佛時年四十有一」，說明這幅畫是四十一歲的胡也佛在民國三十七年（西元一九四八年）所繪。有明確作者、明確年代可考的中國春宮畫極為罕見，本圖可謂空前。

此外，在畫的左上角鈐有陽文小方印「也佛」、左下角鈐有陰文方印「寧天下人負吾」。

七、〈李瓶兒戴孝偷情（第十七回）〉

花子虛與兄弟爭產打官司，西門慶勾結官府，判子虛敗訴，家產賤賣後，子虛分文未得，氣得一命嗚呼。西門慶答允在六月初四日，迎娶花子虛的未亡人李瓶兒，還登堂入室，逕與守孝中的瓶兒偷歡。書上第十七回說：

> 李瓶兒……滿心歡喜，連忙安排酒來，和西門慶暢飲開懷，吃了一回，使丫環房中搽抹涼蓆乾淨，兩個在紗帳之中香焚蘭麝，衾展鮫綃，脫去衣裳，並肩疊股，飲酒調笑。良久，春色橫眉，淫心蕩漾，西門慶先和婦人雲雨一回，然後乘著酒興坐於床上，令婦人橫躺於衽蓆之上與他品簫。……兩人耍一回、又幹了一回，旁邊迎春伺候下一個小方盆，都是各樣細巧果品，小金壺內滿泛瓊漿。從黃昏掌上燈燭，且幹且飲，直耍到一更時分。（卷一頁三八五至三八六，上冊頁二〇八至二〇九）

本圖情節和前面第四圖有些類似，都是西門慶和婦人在床上雲雨、都有吹簫的口交情事、都有丫環在床邊伺候茶水酒漿，但是在認定上有細處可尋。

前面第四圖的故事發生在大陸北方荷花盛開的九月初，圖中有一大盆荷花擺飾，本圖的故事則是發生在五月二十日夜晚；第四圖中的丫環有些尷尬，本圖中的丫環比較自在，因為書上說李瓶兒的兩個丫環迎春、繡春，由於要幫忙穿針引線拉皮條，早就都被西門慶玩過了，對此毫不避嫌。第四圖中的吹簫婦人，臉上只洋溢著春情而已，本圖中的婦人面露楚楚可憐之色，也更像正在守寡的李瓶兒，所以我把那一幅定為第十回西門慶和潘金蓮的故事，這一幅定為第十七回西門慶和李瓶兒的故事。

故事發生在李瓶兒亡夫花子虛家，花子虛是花太監的第二個姪兒，花太監死後，大部分的金銀財寶家屋豪宅都落在他手裡，包括花太監從宮裡偷出來的一個春畫手卷。

花子虛家的牙床也比西門慶家的更豪華。第四圖中西門慶家的床是六柱架子床，本圖中花子虛家的床是更昂貴的拔步床，在架子床正前方有一木製矮平台，平台四角立柱並鑲以圍欄，像床前的淺廊，兩側可擺放繡墩、梳妝

民國胡也佛畫《金瓶梅》插畫之一〈李瓶兒戴孝偷情〉

台、燈台或馬桶，床的正面用小木塊拼成四合如意，組成大面積的櫺子板，留出橢圓形的月洞門，在做工和價格上都比一般的架子床精緻昂貴多了，由此襯托出花家與西門家財力之高下。

圖右邊牆上的掛軸下聯曰：「溪迴鰻鯉繫漁舟」（按：「溪迴」指春水泛濫，「鰻鯉」指女陰，「漁舟」指男陽），旁署小字「也佛時年四十有一」，說明此畫完成於民國三十七年（西元一九四八年），掛軸是山水人物畫，畫漁人泛舟於山澗流泉之前，畫意與掛軸下聯題句、床上男女交歡相互呼應。橫眉批曰：「天下第一筆」是「夫子自況」，胡也佛也的確當之無愧。

八、〈俏春梅床前執壺（第十八回）〉

春梅原是西門慶大老婆吳月娘的侍婢，潘金蓮嫁給西門慶後，才撥給潘金蓮使喚，兩人原本不熟，所以第十回裡西門慶與潘金蓮敦倫時，要春梅前來奉茶，潘金蓮還有些害羞，忙著放下帳子；但在潘氏同意西門慶收用春梅之後，這種尷尬就不見了，出現了本圖中西門慶與潘氏雲雨、春梅在床邊執壺侍酒、三人打成一片的熱鬧場面。書上說：

天色已晚，春梅掌燈歸房，二人上床宿歇。……那時正值七月二十頭天氣，夜子有些餘熱，這潘金蓮怎生睡得著？忽聽碧紗帳內一派蚊雷，不免赤著身子起來，執燭滿帳照蚊，照一個、燒一個。

回首見西門慶仰臥枕上，睡得正濃，搖之不醒，其腰間那話帶著托子，纍垂偉長，不覺淫心輒起，……蹲下身去用口吮之，吮來吮去，西門慶醒了，罵道：「怪小淫婦兒，妳達達睡睡，就攪混死了。」一面起來坐在枕上，益發叫她在下儘著吮咂……

婦人於是頑了有一頓飯時，西門慶忽然想起一件事來，教春梅節酒過來，在床前執壺而立，將燭移在床背板上，教婦人馬爬在他面前，那話隔山取火，托入牝中，令其自動，在上飲酒取其快樂……。（卷一頁四二二至四二三，上冊頁二二七至二二八）

民國胡也佛畫《金瓶梅》插畫之一〈俏春梅床前執壺〉

此圖畫潘金蓮光赤著身子像母狗般爬在床上，回頭探手從胯下把西門慶那話兒導入牝中；西門慶促狹地把食盒放在潘金蓮背上，側身回首與春梅接吻，一手執著方樽，一手捫著春梅的乳房。春梅身上的袍子半褪，露出裡面的抹胸，下體私處也若隱若現，撩人遐思。這樣的三P遊戲在今日的色情光碟中並不罕見，明朝的西門慶卻早已這樣子縱慾了。

潘金蓮照蚊的燈燭擱在架子床的床背板上，床邊長方桌上還擺著夏日盛產的西瓜，都與原書描寫的情節相符。右上角畫軸下聯曰「起顧帚其群」，意思是顧盼自雄、橫掃群倫，乃天下第一人也，說的是享盡豔福的西門慶、也是學問淵博、繪技一流的胡也佛。

九、〈宋惠蓮花園幽歡（第二十二回）〉

宋惠蓮在《新刻繡像批評金瓶梅》一書中作宋蕙蓮。她是西門慶家僕來旺的妻子，在北宋徽宗政和五年（西元一一一五年）十一月二十七被西門慶誘以衣服首飾勾搭成姦，她的丈夫則早在同年十一月中旬，就被西門慶調虎離山派往杭州，為蔡太師買辦生日禮物去了，來回要耽擱將近半年。

在這幾個月的空檔中，西門慶與宋惠蓮共有四次親密關係。到了政和六年三月中旬，來旺採買完畢返家、知悉真相後，氣憤填膺，醉罵西門慶，表示要與他白刀進紅刀出。

宋惠蓮替丈夫求情，西門慶表面答應不予追究，並派來旺押送生日禮物去汴京，暗中卻設計誣陷來旺，誣以謀主盜竊罪打入大牢，在獄中受盡皮肉之苦。

宋惠蓮受騙後自覺委屈，又覺得對不起來旺，害他身陷大牢，便在四月十八日上吊自盡了。

本圖是描繪宋惠蓮第一次獻身西門慶，兩人偷偷摸摸來到後花園長春塢山洞裡，頂著近臘月的大冷天席地苟合，結果讓心機很重、愛吃醋的潘金蓮跟蹤而至，撞破姦情。第二十二回書上說：

> 約會已定，……兩個都往山子底下成事，玉簫（西門慶侍童）在門首與他觀風。……潘金蓮……走到前邊山子角門首。只見玉簫攔著門，……不由

▎民國胡也佛畫《金瓶梅》插畫之一〈宋惠蓮花園幽歡〉

分說，進入花園裡來，各處尋了一遍，走到長春塢山子洞兒裡，見他倆個人在裡面才了事，老婆（宋惠蓮）聽見有人來，連忙繫上裙子往外走，看見金蓮，把臉通紅了……。（卷二頁四〇至四一頁，上冊頁七八五至二八六）

此圖畫西門慶把宋惠蓮壓在地上搞，因為天冷，兩人都穿著衣服，只褪出重要部位，看得見惠蓮裸露的右胸，一邊把雙腿交纏到西門慶背上、一邊吐舌與他淫吻，原書寫潘金蓮來時，兩人已了事穿衣，此畫描繪潘氏撞見兩人正在雲雨，當然是為了畫面的視覺效果，稍稍犧牲了忠於原著的精神。

西門慶家的後花園極其精麗壯觀，巨大的太湖石、糾葛的古松都顯氣派，左上角的「也佛」陽文方印和左下角的「寧天下人負吾」陰文方印在前幾幅畫中曾多次鈐印過。

十、〈藏春塢潘氏潛蹤（第二十三回）〉

緊接著第一次偷情，到政和六年正月十日這天，西門慶又和宋惠蓮發生了肉體關係。

約會的地點仍在僻靜的藏春塢花園裡，因為一家之主的西門慶不方便到一個下人住的房子裡偷香。但是這回不在露天的假山地下了，因為戶外冰天雪地，待不住，改在室內一處叫「雪洞」的屋子裡。

這回西門慶事先和愛吃醋的潘金蓮報備過了，尖酸刻薄的潘金蓮笑罵西門慶把惠蓮當娘，是寒冬臘月行孝的王祥，在那石頭床上臥冰。二十四孝之一的王祥臥冰求鯉，孝順在臘冬時想吃鯉魚的母親；西門慶臥冰床求歡，豈不把宋惠蓮當娘了？奚落一陣子後，潘金蓮還是吩咐秋菊抱鋪蓋、籠火到藏春塢雪洞裡，生一盆炭火，西門慶也跟著來到屋裡靜待佳人。書上說：

這宋惠蓮走到花園門首，只說西門慶還未進來，就不曾扣角門子，只虛掩著，來到藏春塢洞兒

民國胡也佛畫《金瓶梅》插畫之一〈藏春塢潘氏潛蹤〉

內，只見西門慶早在那裡秉燭而坐，……下籠著一盆炭火兒，還冷得打競。婆娘在床上先伸下鋪，上面還蓋著一件貂鼠禪衣，掩上雙扉，兩個上床就寢。西門慶脫去上衣白綾道袍，坐在床上，把婦人褪了褲抱在懷裡，兩隻腳蹺在兩邊，那話突入牝中。兩個摟抱正做得好，卻不防潘金蓮……悄悄走來竊聽，到角門首，推開門，遂潛聲悄步而入，也不怕蒼苔冰透了凌波（小腳），花刺抓傷了裙褶，躡跡隱身，在藏春塢月窗下站聽……。（卷二頁六二至六四，上冊頁二九六至二九七）

此圖畫藏春塢的雪洞別墅座落在蒼松翠竹間，從月窗望去，西門慶正摟著宋惠蓮接吻，她兩腳高抬至西門慶的兩肩上，下面凹凸相湊，是個彼此取暖的性愛姿勢，窗外潘金蓮正一手攀牆、側身湊臉往月窗裡窺春呢！

圖畫人物精絕，線條流暢，構圖佳妙，真不愧是中國春宮畫史上的壓卷之作。圖右側下方有陽文篆書壺盧印「也佛」，左下角鈐陰文方印「寧天下人負吾」。

十一、〈潘金蓮醉鬧葡萄架（第二十七回）〉

這是《金瓶梅》一書中最廣為人知的一段故事，潘金蓮也因這段演出博得「古今第一淫婦」之封號。故事出現在第二十七回裡，時間是宋徽宗政和六年（西元逼一一六年）六月初一，地點在西門慶家的後花園、一處叫翡翠軒旁邊的葡萄架下。書上說：

潘金蓮……接過月琴，彈了一回，……見太湖石畔石榴花經雨盛開，戲折一枝，簪於雲髻之旁，……西門慶……於是按（潘金蓮）在花台上就親嘴，……兩個頑了一回，婦人道：「咱往葡萄架那裡投壺耍子兒去。」因把月琴跨在胳膊上，彈著找〈梁州序〉後半截……

二人到於架下，原來放著四個涼墩，有一把壺在旁。金蓮把月琴倚了，和西慶投壺。只見春梅拿著酒、秋菊掇著果盒，盒子上一碗冰湃的果子，……揭開，盒裡邊攢就的八槅細巧果菜、一小

民國胡也佛畫《金瓶梅》插畫之一〈潘金蓮醉鬧葡萄架〉

銀素兒葡萄酒、兩個小金蓮蓬鍾兒、兩雙牙筯兒，安放一張小涼杌兒上。西門慶與婦人對面坐著，投壺耍著。……投了十數壺，把婦人灌得醉了，不覺桃花上臉，秋波斜睨。……

遲了半日，只見秋菊兒抱了涼蓆枕衾來，婦人吩咐：「放下舖蓋，拽上花園門，往房裡看去，我叫妳便來。」那秋菊放下衾枕，一直去了。這西門慶起身……，逕往牡丹臺畔花架下小淨手去了，回來見婦人早在架兒底下鋪設涼簟枕衾停當，脫得上下沒條絲，仰臥於衽蓆之上，腳下穿著大紅鞋兒，手弄白紗扇兒搖涼。

西門慶看見，怎不觸動淫心？於是乘著酒興，亦脫去上下衣，……將婦人紅繡花鞋兒摘取下來，戲把她兩條腳帶解下來，拴其雙足，吊在兩邊葡萄架兒上，如金龍探瓜相似，使牝戶大張，紅溝赤露，雞舌內吐。西門慶先倒覆著身子，執麈柄抵牝口，賣了個倒入翎花，一手据枕，極力而提之，提得陰中淫氣連綿，如數鰍行泥淖中相似，婦人在下沒口子呼叫達達不絕……。（卷二頁一七一至一七六，上冊頁三五三至三五五）

本圖是我所看到所有《金瓶梅》同一題材的作品中，最豪華香豔的一種表現方式，在龍脊圍牆的翡翠軒的花園裡，潘金蓮一絲不掛地面朝觀眾仰躺著，兩腿分岔高吊，屁股懸空，西門慶用半蹲的姿勢雙手後撐仰身挺股，以配合潘金蓮牝戶的高度，這是胡也佛獨創的一個性姿勢，在中國古代春宮畫史上前所未見，也是女人仰躺高舉雙腿時極為犀利實用的一個姿勢，因為男人可以因此把牝牡交合之處看得清清楚楚、冶豔至極。

我們有時候在一些春畫中會看到不合邏輯、不合力學、很不舒服或使不上力、完全不可行的性姿勢，胡也佛的這套春畫裡，就完全沒有這個缺點。

此外，潘金蓮仰躺的身軀在半空中，承受西門慶猛烈的衝撞時，她雙腿繫縛的腳帶，必定不停地拽扯著葡萄藤，搖落一些葡萄葉，我們看到潘金蓮的左大腿上正飄落下一片葉子，還有三、五片葉子在半空中飛舞。幾片落葉就傳達出很多意思，這種細膩的表現手法，也是其他同一題材的「醉鬧葡萄架」春畫所沒有的。

潘氏口中含著簪髮的金釵，更傳達出一種受虐的、楚楚可憐的神情，讓我們聯想到日本A片中受虐女子嘴巴被布條勒住、嗚咽呻吟、無法開口求饒的可憐模樣，這些都是胡也佛的高明之處。

戤立在老藤邊的月琴，伴著涼墩的長方形涼杌上擺放的八槅細巧果盒，裡面盛放著各式果菜，一小銀壺葡萄酒，兩個小金蓮蓬酒鍾，剛剛玩過賭酒的投壺戲具……，全都巨細無遺地扣緊原書，被精心妥適地安排在畫面中，具見胡也佛構圖運筆時的一絲不苟。

令人印象深刻的龍脊圍牆，是胡也佛取材於上海豫園的實景，有機會赴上海一遊的讀者，不妨去豫園參觀，注意這個古代工匠的巧思。胡也佛把他的方形陽文「也佛」印，鈐印在右下角的龍珠當中，左下角則是他的另一方閒章「寧天下人負吾」。

十二、〈潘金蓮蘭湯邀午戰（第二十九回）〉

這幅春畫乍看平常，屋子裡一個男子壓著仰躺的女人做愛，屋外一個女子偷聽著，似乎在《金瓶梅》一書中有許多處都出現如此的情節，讓人對此圖的主題和出處，產生了辨識上的困難。可是胡也佛絕不會隨便畫一個主題模糊、辨識不易的插畫，細看屋中婦人原來是仰躺在一個大澡盆裡跟男人做愛，我們立刻明白了這是《金瓶梅詞話》第二十九回裡「潘金蓮蘭湯邀午戰」的情節。書上說：

> 西門慶笑道：「小油嘴兒，自胡亂，妳若到明日有了娃兒，就替妳上了頭。」於是把她（春梅）摟到懷裡，手扯著手兒玩耍，問她：「妳娘在後邊？在屋裡？怎的不見？」
>
> 春梅道：「娘在屋裡，教秋菊熱下水要洗浴，等不的，就在床上睡了。」
>
> 西門慶道：「等我吃了梅湯，鬼混她一混去。」於是春梅向冰盆內倒了一甌兒梅湯，與西門慶呷了一口，湃骨之涼，透心沁齒，如甘露灑心一般。須臾吃畢，搭伏著春梅肩膀兒，轉過角門來到金蓮房中……
>
> 西門慶問道：「說妳等著我洗澡來？」
>
> 婦人問道：「你怎得知道來？」

民國胡也佛畫《金瓶梅》插畫之一〈潘金蓮蘭湯邀午戰〉

西門慶笑道：「是春梅說的。」婦人道：「你洗，我教春梅掇水來。」不一時（春梅）把浴盆掇到房中，注了湯，二人下床來，同浴蘭湯，共效魚水之歡。洗浴了一回，西門慶乘興把婦人仰臥在浴板之上，兩手執其雙足跨而提之，掀騰摒（拍打）幹，何止二、三百回，其聲如泥中螃蟹一般響之不絕，婦人恐怕香雲拖墜，一手扶著雲髻，一手扳著盆沿，口中燕語鶯聲，百般難述……。（卷二頁二二四至二二七，上冊頁三七九至三八〇）

這場鴛鴦浴緊接著前面的「醉鬧葡萄架」，發生在六月上旬，還是大熱天，所以書上安排了吃冰鎮酸梅湯的情節，而胡也佛則把這場夫妻午浴消除汗垢的故事，安排在小橋流水的涼亭裡，而不是潘金蓮的住屋。

從視覺上看，畫面左邊叢生的合歡、梧桐、芭蕉，的確把亭子掩翼得清涼無比，西門慶壓著仰躺在浴盆坐板上的潘金蓮，俯首躬身、認真賣力地幹著，邊幹邊拍打潘金蓮的屁股，潘金蓮淫慾得遂，仰首歡吟，燕語鶯聲驚擾了掛在圓架上的鸚鵡，饒舌地學著婦人叫春，春聲傳到戶外，拖住了春梅的腳步，忍不住回首靜聽，一時春心蕩漾，跨騎在廊沿圍欄上磨蹭自慰，也呼應著先前西門慶摟著春梅撫摸玩耍、答應她若有身孕就娶她作第七房小老婆的情節，春梅是早就春心蕩漾了。

胡也佛山水花木、人物鳥獸無一不精，也擅長在春畫中安排小動物點綴情節，前面圖三、圖六都是例子，本圖除畫面中央的鸚鵡外，右下角還安排了一對戲水鴛鴦，環環相扣地呼應著男女主角的「鴛鴦浴」，就比原書更豐富精彩了。

十三、〈李瓶兒惡露侍夫寢（第五十回）〉

在《金瓶梅》一書中，西門慶玩過的女人不下二十餘人，其中絕大多數的交歡，都只是為了滿足肉慾而已，唯一涉及愛情的只有六妾李瓶兒一人。李瓶兒死時，西門慶悲痛欲絕，後來還移情到當過李瓶兒殤子官哥的奶媽、皮膚和李瓶兒一樣白的如意兒身上，都可證明西門慶對李瓶兒是動了感情的。

民國胡也佛畫《金瓶梅》插畫之一〈李瓶兒惡露侍夫寢〉

另一件可以證明西門慶對李瓶兒情意真摯的故事，是他不避穢褻晦氣，在李瓶兒月經來潮時硬要求歡。女人月經來紅時，稱為「惡露」，俗信男人沾了惡露之血要倒霉，西門慶卻毫不以為意。書上第五十回說：

> 西門慶……進房交迎春脫了衣裳，上床就要和李瓶兒睡。李瓶兒只說他不來，和官哥在床上已睡下了，回過頭來見是他，便道：「你在後邊睡罷了，又來做什麼？孩子才睡下了，睡得甜甜兒的，我心裡不耐煩，又身上來了，不方便，你往別人屋裡睡去不是好，來這裡纏？」被西門慶摟過脖子來按著就親了個嘴，說道：「……我今日不知怎的，一心只要和妳睡，……再不妳交丫頭掇些水來洗洗，和我睡睡也罷了。」
>
> 李瓶兒道：「我倒好笑起來，你今日哪裡吃了酒，吃得恁醉醉兒的來家，恁歪斯纏。我就是洗了，也不乾淨，一個老婆的月經，沾汙在男子漢身上，膹刺刺的也晦氣……。」……於是乞被逼勒不過，交迎春掇了水下來，澡牝乾淨，方上床與西門慶交房。
>
> ……西門慶坐在帳子裡。李瓶兒便馬爬在他身邊。西門慶倒插那話入牝中，已而燈下窺見她雪白的屁股兒，用手抱著，且細觀其出入，那話已被吞進小截，興不可遏，李瓶兒恐怕帶出血來，不住取巾帕抹之。……瓶兒道：「達達，慢著些，頂得奴裡邊好不疼。」（卷三頁二五〇至二五二，上冊頁六四八至六四九）

畫面中央靠左邊是一個浴盆擱在地上，裡面盛著水，飄著使用過的毛巾，旁邊躺著帶提梁的水桶，脫下的衣裙散了一地，洗過牝戶的李瓶兒躺在床上，任興不可遏的丈夫把八角宮燈移近床邊，就著燈光仔細觀看自己的那話兒被愛人的牝戶慢慢吞入；李瓶兒又擔心流血、又覺得疼痛，側臉皺眉露出了勉強忍受的表情；左下角一隻花貓抬頭注視著這閨房中寫實的一幕。

這樣的情節，在每一對恩愛夫妻的現實生活哩，不是總會遇到的嗎？如果嫌經血晦氣，李瓶兒怎沒想到讓老公西門慶「走旱」捅她屁眼呢？

十四、〈陳經濟偷姦丈母娘（第五十三回）〉

西門慶早年與髮妻陳氏育有一女，書中呼西門大姐；陳氏早死，西門慶後來才又續弦吳月娘為妻，並另置五個小老婆。西門大姐後嫁汴京八十萬禁軍提督楊戩的親家陳洪之子陳經濟，不久，楊戩被參劾問罪、牽連到陳洪，陳經濟奉父命帶著妻子到山東投奔老丈人，替西門慶掌管一間當鋪、監修房子。

論輩分，西門慶的一妻五妾都是陳經濟的丈母娘，可是作為小丈母娘的潘金蓮，卻經常尋找機會與年輕風流的女婿陳經濟眉來眼去、打情罵俏，最後終於勾搭成姦，這場亂倫之戲出現在第五十三回，書上說：

> 陳經濟……睡在店中，那話兒硬了一夜，此時西門慶不在家中，只管與金蓮兩個眉來眼去，直至黃昏時後，各房將待掌燈，金蓮躡足潛蹤，踮到捲棚後面，經濟三不知走來，隱隱的見是金蓮，遂緊緊的抱著了，把臉子挨在金蓮臉上，兩個親了十來個嘴……
>
> 金蓮道：「你這少死的賊短命，沒些槽道的，把小丈母娘便揪住了親嘴，不怕人來聽見麼？」……
>
> 經濟口裡只顧叫「親親」，下面單裙子內部似火燒的一條硬鐵，隔了衣服只顧挺了進來。那金蓮也不由人（自主），把身子一聳，那話兒都隔了衣服熱烘烘地對著了。金蓮正忍不過，用手掀開經濟裙子，用力捏著陽物。經濟慌不迭的替金蓮扯下褲腰來，「劃」的一聲，卻扯下一個裙襉兒。金蓮笑罵道：「蠢賊奴，還不曾偷慣食的，恁小著膽，就慌不迭，倒把裙襉兒扯掉了。」就自家扯下褲腰，剛露出牝口，一腿翹在欄杆上，就把經濟陽物塞進牝口……（卷三頁三四五至三四七，下冊六九六至六九七）

胡也佛此圖畫潘金蓮倚柱側坐在亭榭的欄杆上，一手抓著旁邊的粗藤，任經濟扛起她的左腿，把陽具往牝戶內頂去。潘金蓮酥胸半露，癡情無限地看著女婿，陳經濟卻只顧垂首觀賞丈母娘牝戶吞吐之狀，努力地擺臀聳腰。亭

▍民國胡也佛畫《金瓶梅》插畫之一〈陳經濟偷姦丈母娘〉

榭的棚簾捲起，露出圓窗外的池沼，右下角樹根旁，一對鴿子是這場亂倫好戲的唯一見證者。

十五、〈西門慶初戰林太太（第六十九回）〉

林太太是王招宣的未亡人，招宣這個官比西門慶的提刑大得多，所以招宣府要比西門慶家更富麗堂皇。林太太的年紀大約三十五歲，正當虎狼之年，就給了西門慶可趁之機。

林太太的獨子王三官去青樓嫖妓，西門慶聽妓女鄭愛月說，林太太是個風月能手，便買通了替林太太拉皮條的文嫂，和林太太勾搭上了。西門慶穿過段媽媽家，從逼食巷後門進入招宣府，成了林太太的入幕之賓，書上第六十九回說：

> 須臾大盤大碗就是十六碗熱騰騰美味佳餚，……旁邊絳燭高燒，下邊金爐添火，交杯換盞，行令猜枚。……兩個芳情已動，文嫂已過一邊，連次呼酒不至。西門慶見左右無人，漸漸促席而坐，言頗涉邪，把手捏腕之際、挨肩擦膀之間，初時戲摟粉項，婦人則笑而不言；次後款啟朱唇，西門慶則舌吐其口，嗚咂有聲，……相挨玉體，抱摟酥胸。原來西門慶知婦人好風月，家中帶了淫器包在身邊，又服了胡僧藥，婦人摸見他陽物甚大，西門慶亦摸其牝戶，彼此歡欣，情興如火。（卷四頁三〇三至三〇四，下冊頁九五〇）

胡也佛此圖畫西門慶摟抱林太太坐在床沿，劈開雙腿，就著絳燭捏玩細看其牝戶，窗前桌上羅列著酒餚，檻外庭院裡老梅盛開，時序上大致吻合書中描寫的陰曆十一月初九。躲在房外偷看的，應該是書上提到在旁邊篩酒的丫環，圖畫正下方還畫了一隻哈巴狗，好奇地盯著好奇的丫環。廊柱上有一句篆書下聯「垂章君迴禽」，「垂章」指家世顯赫的林太太，「君」指西門慶，「回禽」指用迂迴巧妙的手段把林太太手到擒來。下方有小字曰「丁亥端午也佛寫」，丁亥是民國三十六年、西元一九四七年，此畫至今也超過一甲子了。

▍民國胡也佛畫《金瓶梅》插畫之一〈西門慶初戰林太太〉

十六、〈潘金蓮初試白綾帶（第七十三回）〉

潘金蓮嫌丈夫西門慶在陽具上套了個增強硬度的金屬套子，在行房時弄痛了她的陰戶，就自己動手做，用白綾布包著壯陽藥縫成一條帶子，行房時纏在陽具上，兩端束紮在西門慶腰後，淫水一浸，藥效發作，就使那話兒更粗更硬了。書上第七十三回說：

婦人（潘金蓮）走到桶子上小解了，教春梅掇進坐桶來，澡了牝。……向床上看西門慶正打鼾睡，於是解鬆羅帶，卸褪湘裙，坐換睡鞋，脫了裩褲，上床鑽在被窩裡，與西門慶並枕而臥。睡下不多時，向他腰間摸他那話，弄了一回，白不起，原來西門慶與春梅才行房不久，那話綿軟，急切捏弄不起來。

這婦人酒在腹中，慾情如火，蹲身在被底把那話用口吮咂。……西門慶猛然醒了，……道：「妳整治那帶子了？」婦人道：「在褥子底下不是？」一面探手取出來與西門慶看了，紮在塵柄根下，繫在腰間，栓得緊緊的。……婦人趴在身上，龜頭昂大，兩手撐著牝戶往裡放，須臾突入牝中。婦人兩手摟定西門慶脖項，令西門慶亦扳抱其腰，在上只顧揉搓，那話漸沒至根。（卷四頁四七七至七四七九，下冊頁一〇二二至一〇二三）

此圖布景大致與第四圖、第十三圖相同，圖畫中央的水桶、澡盆、散落一地的衣裙，呼應書上描寫的潘金蓮教丫環春梅端水進來澡牝，脫衣上床；西門慶仰躺著，潘金蓮趴上身，用手導引那話兒往牝戶裡放，西門慶摟著潘氏的腰背，也與書上描寫相同；只可惜看不清陽具上是否纏著白綾帶子。書上說西門慶先前與春梅玩過一回（卷四頁四五七，下冊頁一〇一七），所以胡也佛特地畫春梅在左上方圓窗外向屋裡張望，具見其用心。

民國胡也佛畫《金瓶梅》插畫之一〈潘金蓮初試白綾帶〉

十七、〈如意兒肉身侍主（第七十五回）〉

西門慶的獨子官哥夭折，他最心愛的女人李瓶兒又病死了，西門慶便移情到與李瓶兒一樣皮膚白嫩、官哥的奶媽如意兒身上。如意兒也感激不盡地在李瓶兒睡過的床上，以肉身侍候著官哥的爸。它用奶水飼養小的、用淫水侍候老的，對父子兩人都盡心侍候，可謂兩代忠僕。書上說：

西門慶見無人在眼前，教老婆（如意兒）坐在他膝蓋兒上摟著，與他一遞一口兒吃酒，老婆剝果仁兒放在他口裡。西門慶一面解開她穿的玉色紬子對衿襖兒鈕扣兒並抹胸兒，露出她白馥馥酥胸，用手揣摸著她奶頭，誇道：「我的兒，妳達達不愛妳別的，只愛妳倒好白淨皮肉兒，與妳娘（李瓶兒）的一般樣兒，我摟著妳就如同摟著她一般。」……

如意兒便把鋪蓋抱在床上鋪下，打發西門慶上床解衣，替他脫了鞋襪，她便打了水，拿出明間內漂洗了牝，掩上房門，將燈台拿在床邊一張小桌兒上擱放，然後她方脫了衣褲上床，鑽入被窩裡，與西門慶相摟相抱，並枕而臥。婦人用手捏弄他那話兒，上邊束著托子，猙獰跍腦，又喜又怕，兩個口吐丁香，交摟在一處……（卷四頁五二七至五二九，下冊頁一〇三九至一〇四〇）

圖中左下角是如意兒澡牝用的水桶腳盆，床頭小桌上放著一個燈台，脫下的衣服褲子散放床前的地下，如意兒跨坐在西門慶身上，任西門慶吮吃她的奶頭，徐徐把陽物插入牝中。她仰著頭，像受不了西門慶的束著銀托子的粗大陽具，發出了呻吟聲，畢竟是主僕的第一次交媾，一切都不太習慣。

右上方牆上掛著四屏聯的花鳥畫，畫一隻野雞往上飛，要棲止在竹叢間。俗話說「鳳凰不在雉稱王」，雉就是野雞，胡也佛安排這幅〈雉飛圖〉，當然是寓意李瓶兒死了，如意兒可以出頭了，當年女主人睡的華貴的拔步床（參見第七圖），如今可輪到當奶媽的女僕來睡了。

民國胡也佛畫《金瓶梅》插畫之一〈如意兒肉身侍主〉

十八、〈西門慶淫虐如意兒（第七十八回）〉

在淫棍西門慶的心目中，女人是分不同等級的，有的比較尊貴，玩時就有分寸，有的低賤些，就燒香馬、吃尿、吊起雙腿來搞……。

而奶媽如意兒在西門慶的心目中，就屬於低賤一類的。看《金瓶梅》第七十八回裡，西門慶怎麼作賤如意兒：

> 西門慶令她（如意兒）關上房門，把裙子脫了上炕來，仰臥在枕上，……三個燒酒浸的香馬兒，……一個坐在她心口（胸膛）內、一個坐在她小肚兒底下、一個安在她屄蓋子上，用安息香一齊點著，那話下邊便插進牝中，低著頭看著拽，只顧沒稜露腦、往來送進不已，又取過鏡台來，傍邊照看。須臾那香燒到肉根前，婦人蹙眉嚙齒，忍其疼痛，口裡顫聲柔語，哼成一塊……。（卷四頁七〇六，下冊頁一一二〇）

還是李瓶兒睡的拔步床，西門慶在如意兒身上燒香馬兒（有些類似今日我們營火時點燃木材用的半球形蠟製的引火），如意兒任西門慶擺布，閉眼皺眉，側臉呻吟著，西門慶一邊搗弄、一邊看著床旁黃花梨束腰長方凳上擱著的鏡台裡如意兒受虐的表情。畫幅左邊中間一隻花貓聞聲奔來，揚尾斂足作嗚叫狀，像訝然而問：「你們在搞什麼鬼呀？」，右邊牆上掛的屏聯，下聯用篆書寫著「潭淼鯿鱒樂其歲」，說潭面廣闊、潭水深淼，裡面的魚兒就可以悠游樂歲，不必擔心被漁人捉住了，寓意如意兒在西門慶豪富之家日子過得很快活。

十九、〈西門慶戲摘後庭花（第七十九回）〉

王六兒是西門慶家僕韓道國之妻，西門慶憑藉財勢利誘一再與王六兒通姦，百般淫辱；韓道國貪圖小利，不以為恥，夫妻倆還因主人的特別照顧而洋洋得意，與前述第二十二、三回中的家僕來旺、宋惠蓮夫妻，形成鮮明的對比。王六兒有被虐狂，還喜歡男人捅她屁眼，書上第七十九回裡有這樣一段描述：

民國胡也佛畫《金瓶梅》插畫之一〈西門慶淫虐如意兒〉

民國胡也佛畫《金瓶梅》插畫之一〈西門慶戲摘後庭花〉

婦人（王六兒）知道西門慶好點著燈行房，把燈台移在明間炕邊一張桌上安放，一面將紙門關上，澡牝乾淨，換了一雙大紅路紬白綾平底鞋兒穿在腳上，脫了褲兒，鑽在被窩裡，與西門慶做一處相摟相抱……西門慶……慾情如火，那話十分堅硬，先令婦人馬伏在下，那話放入後庭花內，極力搧磞（拍打）了約二、三百度，搧磞得屁股連聲響亮，婦人用手在下揉著屄心子，口中叫達達如流水……（卷四頁七四七至七四八，下冊頁一一四〇）

胡也佛此圖中，右下角是王六兒事先洗屄用的腳盆水桶，旁邊衣架子上掛著西門慶脫下的衣衫，左側床炕邊桌上放著燈台，把帳內照得亮堂堂的，炕桌上還放著時令鮮果和一個作擺飾的葫蘆；王六兒正馬伏著翹起屁股，任跪在後方的西門慶搗她的肛門。她一邊用手把股肉撥開、一邊回望西門慶，像是在問他是否盡興。右上角一隻花貓從門外探頭窺春，平添了許多情趣。

二十、〈西門慶貪慾脫陽（第七十九回）〉

在《金瓶梅》第七十九回裡，西門慶於正月十二日先姦了家僕來爵的妻子，次日午後又吃了春藥與王六兒姦戲，到夜晚回家後，精力透支的西門慶在昏睡中由潘金蓮灌服了過量的春藥，勉強行房，終於不支脫陽，七日後氣絕身亡，得年三十三歲。書上描述他最後一次的縱慾說：

……那西門慶倒頭在枕頭上，鼾睡如雷，……急得婦人……去袖內摸出穿心盒來，打開裡面，只剩下三、四丸藥兒，這婦人取過燒酒壺來，斟了一鍾酒，自己吃了一丸，還剩下三丸，恐怕力不效，千不合、萬不合，拿燒酒都送到西門慶口內；醉了的人曉得甚麼，合著眼只顧吃下去，那消一盞熱茶時，藥力發作起來，……但見裂瓜頭凹眼圓睜、落腮鬍挺身直豎。婦人見他只顧睡，於是騎在他身上，又取膏子藥安放馬眼內，頂入牝中，只顧揉搓……（卷四頁七五二至七五三，下冊頁一一四二）

民國胡也佛畫《金瓶梅》插畫之一〈西門慶貪慾脫陽〉

胡也佛此圖畫西門慶滿臉病容、奄奄一息地躺在床上，任由潘金蓮騎在他身上揉搓起坐，生死交關看得人驚心動魄；床頭懸掛了一盞慶祝元宵節的精緻花燈，上有「龍飛」兩字，大概是把西門慶比喻為一條龍，如今縱欲亡身，死到臨頭，要飛到天上永遠告別人世了。床的左側有貓逐鼠，在第三圖西門慶與潘金蓮初次幽歡於武大郎家時，床底也有貓窺鼠，似乎畫家在此圖中以鼠喻西門慶，貪於偷吃，最後仍難逃象徵潘金蓮的貓爪。一首一尾彼此呼應，頗值玩味。

二十一、〈陳經濟弄一得雙（第八十二回）〉

潘金蓮在西門慶在世時，已偷偷跟女婿陳經濟亂倫了，西門慶一死，潘金蓮更忙不迭地找機會拉陳經濟搞她，結果有一回被丫環春梅撞見了，潘金蓮央求春梅守密，並且讓陳經濟也搞春梅，她才放心。春梅半推半就，便也跟陳經濟發生了關係。書上第八十二回說：

> 一日也是合當有事，潘金蓮早晨梳妝打扮，起來樓上觀音菩薩前燒香，不想陳經濟正拿鑰匙上樓，開庫房門，拿藥材香料，撞遇在一處。這婦人且不燒香，見樓上無人，兩個……解退衣褲，就在一張春櫈上雙鳧飛肩，靈根半入，不勝綢繆。
>
> ……兩箇正幹得好，不防春梅正上樓來，拿盒子取茶葉，看見兩箇湊手腳不迭，都吃了一驚。……婦人（潘金蓮）便叫春梅……「妳若是肯遮蓋俺們，趁妳姐夫在這裡，妳也過來，和妳姐夫睡一睡，我方信妳，妳若不肯，只是不可憐見俺每（們）了。」
>
> 那春梅把臉羞得一紅一白，只得依她卸下湘裙、解開裩帶，仰在櫈上，儘著這小夥兒受用。
>
> （卷五頁二六至二八，下冊頁一一八七至一一八八）

胡也佛此圖畫春梅仰躺在春櫈上，高舉雙腳，任陳經濟俯身猛搗，上邊還吮吻唇舌，好不爽快，倚坐一旁的潘金蓮看得又愛又妬、又無可奈何，後方牆上的觀音菩薩冷眼旁觀，也只能作壁上觀了。胡也佛喜歡在畫面上添加雲煙飄捲，這在歷來的春宮畫中可謂創舉，讓飽滿的構圖有

民國胡也佛畫《金瓶梅》插畫之一〈陳經濟弄一得雙〉

了靈魂的留白，十分高妙。

二十二、〈俏春梅推背助興（第八十三回）〉

自從春梅也淌了潘金蓮與陳經濟亂倫的渾水後，三人玩得更放浪形骸了。書上說：

> 潘金蓮便赤身露體仰臥在一張醉翁椅兒上，經濟亦脫得上下沒條絲，又拿出春意二十四解本，放在燈下，照著樣兒行事。
>
> 婦人便叫春梅：「妳在後邊推著妳姐夫，只怕他身子乏了。」
>
> 那春梅真箇在身後推送經濟，那話插入婦人牝中，往來抽送，十分暢美，不可盡言。
>
> 不想秋菊在後邊廚下，睡到半夜裡起來淨手，見房門倒扣著，推不開，於是伸手出來拔開門弔兒，大月亮地裡躡足潛蹤走到房前窗下，打窗眼裡望裡張看，見房中掌著明晃燈燭，三個吃得大醉，都光赤著身子，正做得好，兩個對面坐著椅子，春梅便在後邊推車，三人串作一處……。（卷五頁五七至五八，下冊頁一二〇一）

此圖之冶艷足可匹敵〈醉鬧葡萄架〉，是《金瓶梅》幾個最香艷的場景之一。潘金蓮仰躺在醉翁椅上，手中拿著展開的春宮畫卷，乜眼斜睨著女婿陳經濟高高擎起她的雙腿，一邊捏玩著三寸金蓮、一邊任春梅推著他的屁股、把那話兒往裡送；圖左後方長桌上羅列著酒肴，圖左下端散了一地的衣衫裙褲，正中央是照亮一室的硬木挑桿落地六角宮燈，右側一張長桌上站著一隻黑尾巴白貓，正舉身抬頭望著窗外向裡張望的丫環秋菊。

畫得實在精彩。無論人物造型、畫面構圖、運筆線條，都極盡精麗堂皇、盡善盡美之能事，胡也佛真是高人啊！

民國胡也佛畫《金瓶梅》插畫之一〈俏春梅推背助興〉

Do藝術4　PE0108

月
——中國古代春宮祕戲圖講

作　　者／殷登國
責任編輯／辛秉學
圖文排版／楊家齊
封面設計／王嵩賀
校　　對／殷登國、辛秉學

發 行 人／宋政坤
出　　版／獨立作家
地址：114 台北市內湖區瑞光路76巷65號1樓
電話：+886-2-2796-3638　傳真：+886-2-2796-1377
服務信箱：service@showwe.com.tw
http://www.bodbooks.com.tw
印　　製／秀威資訊科技股份有限公司
http://www.showwe.com.tw
展售門市／國家書店【松江門市】
地址：104 台北市中山區松江路209號1樓
電話：+886-2-2518-0207　傳真：+886-2-2518-0778
網路訂購／http://www.govbooks.com.tw
法律顧問／毛國樑　律師
總 經 銷／時報文化出版企業股份有限公司
地址：333桃園縣龜山鄉萬壽路2段351號
電話：+886-2-2306-6842

出版日期／2016年9月　BOD一版　**定價**／1000元

|獨立|作家|
Independent Author
寫自己的故事，唱自己的歌

月：中國古代春宮祕戲圖講 / 殷登國著. -- 一版. -- 臺北市：獨立作家, 2016.09
面； 公分. -- (Do藝術；4)
BOD版
ISBN 978-986-93402-2-9(精裝)

1. 情色藝術

544.79 105012703

國家圖書館出版品預行編目

讀者回函卡

感謝您購買本書，為提升服務品質，請填妥以下資料，將讀者回函卡直接寄回或傳真本公司，收到您的寶貴意見後，我們會收藏記錄及檢討，謝謝！
如您需要了解本公司最新出版書目、購書優惠或企劃活動，歡迎您上網查詢或下載相關資料：http:// www.showwe.com.tw

您購買的書名：________________________________

出生日期：_________年_________月_________日

學歷：□高中（含）以下　□大專　□研究所（含）以上

職業：□製造業　□金融業　□資訊業　□軍警　□傳播業　□自由業
　　　□服務業　□公務員　□教職　□學生　□家管　□其它_____

購書地點：□網路書店　□實體書店　□書展　□郵購　□贈閱　□其他

您從何得知本書的消息？

□網路書店　□實體書店　□網路搜尋　□電子報　□書訊　□雜誌
□傳播媒體　□親友推薦　□網站推薦　□部落格　□其他__________

您對本書的評價：（請填代號　1.非常滿意　2.滿意　3.尚可　4.再改進）

封面設計____　版面編排____　內容____　文／譯筆____　價格____

讀完書後您覺得：

□很有收穫　□有收穫　□收穫不多　□沒收穫

對我們的建議：________________________________

____

____

____

請貼
郵票

11466
台北市內湖區瑞光路 76 巷 65 號 1 樓
獨立作家讀者服務部 收

（請沿線對折寄回，謝謝！）

姓　　名：＿＿＿＿＿＿＿＿　年齡：＿＿＿＿　性別：□女　□男

郵遞區號：□□□□□

地　　址：＿＿＿＿＿＿＿＿＿＿＿＿＿＿＿＿＿＿＿＿

聯絡電話：（日）＿＿＿＿＿＿＿＿＿（夜）＿＿＿＿＿＿＿＿＿

E-mail：＿＿＿＿＿＿＿＿＿＿＿＿＿＿＿＿＿＿＿＿